TIME TUNNEL SERIES
Vol.25
ガーディアン・ガーデン&クリエイションギャラリーG8
タイムトンネルシリーズ　Vol.25
「葛西薫1968」展
2007年10月29日→11月22日

葛西薫

監修：大迫修三

KASAI Kaoru 1968
1=Creation Gallery G8 / 2=Guardian Garden
29th Oct.～22th Nov. 2007
葛西薫1968
タイムトンネルシリーズ vol.25
第一会場:クリエイションギャラリーG8 / 第二会場:ガーディアン・ガーデン
2007年10月29日(月)～11月22日(木)
11:00a.m.～7:00p.m.(水曜日は8:30p.m.まで)土・日・祝日休館 / 入場無料 / 主催:クリエイションギャラリーG8 ガーディアン・ガーデン
クリエイションギャラリーG8 〒104-8001 東京都中央区銀座8-4-17 リクルートGINZA8ビル1F TEL 03-3575-6918
ガーディアン・ガーデン 〒104-0061 東京都中央区銀座7-3-5 リクルートGINZA7ビルB1F TEL 03-5568-8818
http://rcc.recruit.co.jp/ http://www.recruit.co.jp/corporate/mobile/

展覧会ポスター

クリエイションギャラリーG8 エントランス

クリエイションギャラリーG8

クリエイションギャラリーG8 ルーム1

アイ
ラブ
ユー
SONY
VOICE of
SUMI

クリエイションギャラリーG8 ルーム1

アイラブユー
SONY
ESUMI

LIBERTY,CD
BAR
夏の愛。SUNTORY WHISKYの贈りもの
夏の愛。SUNTORY WHISKYの贈りもの
ROGER
Skytalk

クリエイションギャラリーG8 ルーム2

1973
1982
It's a POP!!

クリエイションギャラリーG8 ルーム2

クリエイションギャラリーG8 ルーム2

クリエイションギャラリーG8 ルーム2

R
1968

クリエイションギャラリーG8 ルーム2

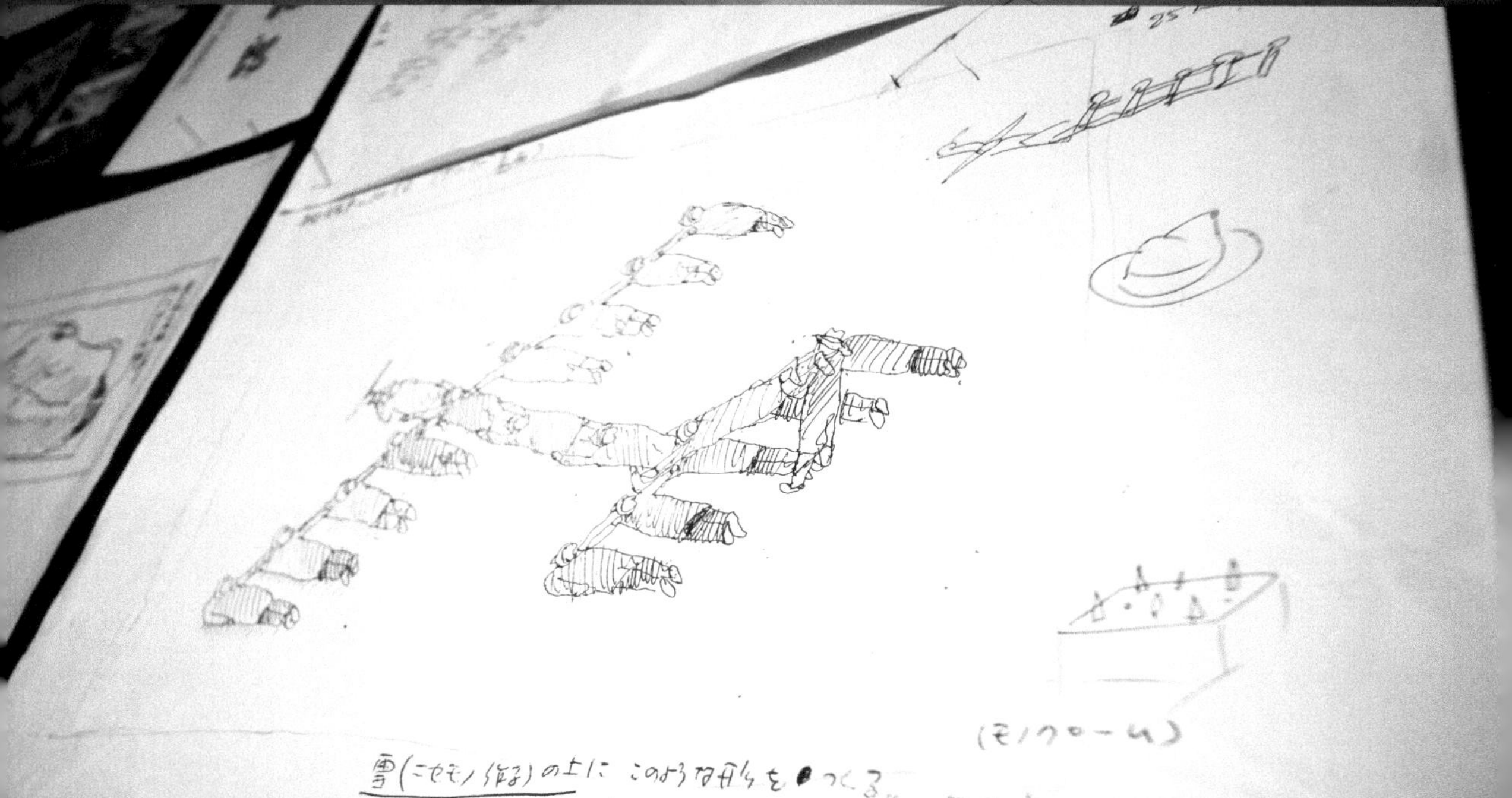

クリエイションギャラリーG8 ルーム2

クリエイションギャラリーG8 ルーム3

クリエイションギャラリーG8 ルーム3

ガーディアン・ガーデン

幻の光
風花
la fille sur le pont
橋の上の娘
70's

ガーディアン・ガーデン

ワンダフルライフ
ワンダフルライフ
幻の光
風花
Daniel AUTEUIL
Vanessa PARADIS
la fille sur le pont
橋の上の娘

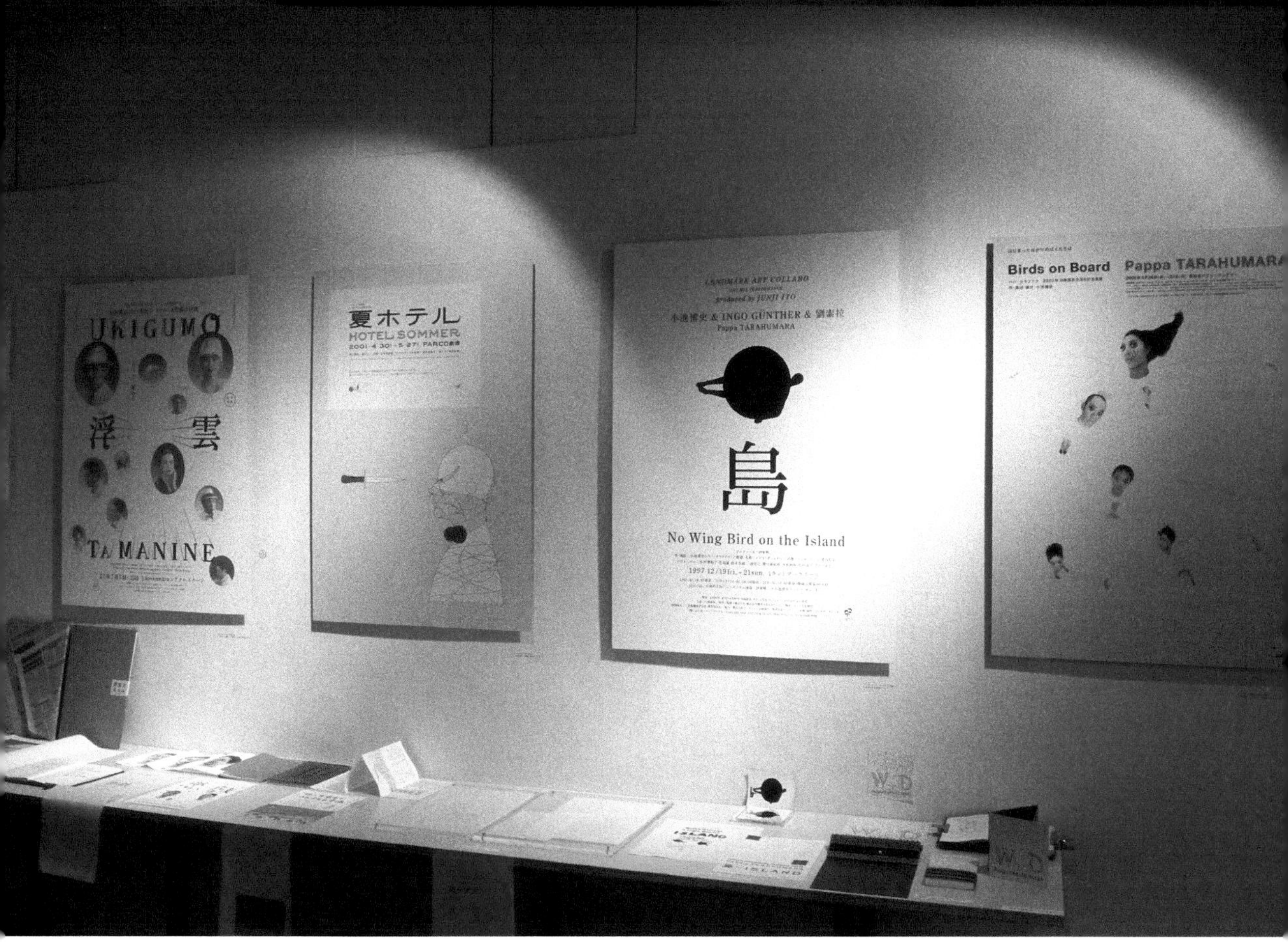
UKIGUMO
浮雲
TAMANINE
夏ホテル
HOTEL SOMMER
2001·4·30 - 5·27 PARCO劇場
LANDMARK ART COLLABO
produced by JUNJI ITO
小池博史 & INGO GUNTHER & 劉索拉
Pappa TARAHUMARA
島
No Wing Bird on the Island
Birds on Board
Pappa TARAHUMARA

ガーディアン・ガーデン

ガーディアン・ガーデン

タイムトンネルシリーズ vol.25

葛西薫1968

この25頁から109頁までが当時の小冊子の内容です

「タイムトンネルシリーズ」は、第一線で活躍されている作家の方々のデビュー当時の作品をご紹介する展覧会です。今ではほとんど目にする機会のないこれらの作品には、作家の本質ともいうべき発想や表現の原点が隠されています。時代を超えて、今改めて紹介することで、後を追う若い作家にとってひとつの道標になれば、と企画しています。また、新作、近作も併せてご紹介し、作家の全体像を一望できるよう考えています。

二十五回目を迎える今回は、アートディレクターの葛西薫氏にお願いしました。高校時代、通信教育でレタリングを学び始めた葛西氏は、北海道から上京し、一九六八年文華印刷株式会社に就職。大谷デザイン研究所を経て、一九七三年に株式会社サン・アドに入社しました。その後は、一九八四年にサントリー「アイラブユー」でＡＤＣ賞を受賞、一九八六年にはサントリーモルツでＡＤＣ最高賞を受賞するなど、独自の表現が評価され、多くの広告を世に送り出してきました。一九八三年から二十五年間続いているサントリーウーロン茶は、中国を舞台にして流れるＣＭが多くの人々に親しまれています。

本展では、サントリーウーロン茶、ソニー、西武百貨店などの広告の仕事をクリエイションギャラリーＧ８で、演劇や映画のポスター、書籍や作品集の装丁、またこれまでの個展の出品作品などをガーディアン・ガーデンで、レタリングの習作やアイデアスケッチなどもあわせてご紹介します。

この小冊子では、模型作りに夢中だった幼少時代から、デザインに興味を抱いて上京し、サン・アドで活躍する現在まで、またこれまで手掛けてきた数多くの仕事、そしてデザインに対する思いをインタビューさせていただきました。何事にも真摯に取り組み、広告の枠を超えて活躍し続ける氏の魅力を感じとっていただければと思います。

最後になりましたが、多忙な仕事の合間をぬって、五日間にも及ぶインタビューや展覧会のために多くのお時間を割いていただきました葛西薫氏をはじめ、ご協力いただきました多くの皆様にこの場を借りてあらためて厚く御礼申し上げます。

ガーディアン・ガーデン
クリエイションギャラリーＧ８

photograph by Uehara Isamu

一九六八年、高校を卒業し、グラフィックデザイナーをめざして上京した。印刷所の版下マンとして踏み出したものの、心の中は、これでよかったのか、ほんとうにデザイナーになれるのか、という不安の只中にいた。

でも、生来手を動かすことがなにより好きだった僕にとって、烏口やコンパスで線を引いたり、形を筆で埋めたりする時間は、そんな不安を忘れさせてくれる幸福な時間だった。

手を動かすといいことが待っていた。白い紙の上になにがしかの形が浮かんでくると、自分の中の、あるいは世の中の未知なるものの糸口を見つけたような気がした。

あれから四十年、捨てられずに手元に残ったスケッチや試作を見て、なんにも変わっていない自分に苦笑した。そこに悶々としていた自分と、嬉々としていた自分がいる。きっとこれからもそうだろう。

ひとつ変わったことがあるとしたら、あれほど無口だった僕が、こんなによく喋るようになったことだ。今日までたくさんの方に助けられ、苦楽をともにした仲間との思い出が積み重なり、伝えたいことでいっぱいだからです。

これまでのすべての出会いに感謝です。

二〇〇七年十月　葛西薫

日常

●午前中をどう使うか

大体六時くらいには目が覚めてしまいます。もう少し寝ていたいんですけどね。それから少しぐずぐずして、七時半か八時にはふとんを抜け出します。顔を洗って髭を剃ったら、サラダ作りに取りかかります。サラダは僕が作ることにしているんです。ひょんな時に、我流で作ってみたんですね。それが意外に楽しくて、それをまた家族がおいしいって言うもんですから。去年、娘が独立しましたので、今は家内と家内の母と僕の三人分を十五分くらいで作ります。野菜を洗ったり、切ったり、手でちぎったりしていると目が覚めてきます。朝食の時間も含めて一時間半くらいでしょうか。すぐに、会社に行く時間になってしまいます。会社に向かう電車の中は、本を読む時間でもあります。約一時間あるので、読むものがない時は会社が遠く感じますね。

会社に着くのは十時か十時半くらいです。最近思うのは、午前中をどう使うかということがとても大事だということ。午後とか夕方に打ち合わせが入るとデザインする時間がなくなるんですね。それで、今はなるべく午前中に入れるようにしています。土日はできるだけ出社しないようにしています。その分、平日の五日間は目一杯。それで、土日に「次の一週間は、こうするぞ」って考えておくんです。メモをしておいたり、日曜日、会社にスタッフ宛のファクスを家から送っておいたりすることもあります。そうすると、出社した時、話が早いし、言葉が紙に残ることで大切さも伝わります。それでも、昼間はデザインする時間がとれなくて、打ち合わせをしたり、誰かが手を動かしているのを見たりしていることがほとんどです。その隙間をぬって、試写会に行ったり展覧会を見たりしています。

●夜の過ごし方

ちょっと前までは、毎日夜中の十二時くらいまで仕事をしていました。ところが、去年の暮れにダウンしてしまったんですね。それで、ペースを変えようと思っているところです。歳も歳ですし、会社での役割も考えないといけないところもありますから。あまり僕が突っ走ってしまうと周りに迷惑をかけてしまうんです。それで、もうそういう時期でもないだろうと思って頭を切り替えました。無理をしないで、できることをまず選ぶ。そして、選んだものは大切にする。今は、そんな風にしています。

一日の中で一番ほっとするのは、風呂から上がって寝るまでの時間です。牛乳を飲み、ヨーグルトを食べながら朝刊と夕刊を読むんです。しかも、ストレッチをしながら(笑)。ストレッチをするのは、趣味のバドミントンのためでもありますね。近眼ですから床に置いた新聞を読むには、目を近づけないと読めないでしょ。それで、身体をぐーんと伸ばしてストレッチ(笑)。たまにウイスキーの水割りなんかを飲むこともありますけど、そうすると元気になってしまって、ごそごそ本を読み出したり、ヘッドフォンで音楽を聴き出したりしてしまう(笑)。まあ、ささやかな至福の時間なんです。

●楽しい楽しいバドミントン

バドミントンは、高校の時に部活動でやっていました。そこそこ強かったんですけど、東京に出てくる時にきっぱりやめました。ところが、卒業して十五年ぶりにダブルスを組んでいた相棒の笠井博美くんから電話が来たんです。彼も東京にいましてね。「一緒にやろう」と言うんです。「無理だよ」って言ったんですけど、ちょっとやってみたら十五分くらい動いただけでもうヘロヘロで(笑)。ところが不思議なもので、続けていくと体力も復活してくるし、テクニックも思い出すんですね。そのうちに、仲間が増えて、「フライングキャデラック・バドミントンクラブ」というチームを結成して、団体戦や個人戦に出るようになったんです。合宿をしたことも何度かあるんですよ。それがもう夢中になり過ぎて、これ以上バドミントンをやったら、僕のデザインは駄目になると思ったこともありました（笑）。バドミントンのことで頭がいっぱいなんですね。そのうち段々忙しくなってきて、その時に集まれるメンバーでやるという状態でした。それで、今は声を掛け合って、試合に出ることが難しくなってきましたね。今年になってからは、一ヶ月に一回というペースです。これがなかなかいいペースで、楽しいバドミントンができると思うことで仕事を頑張れるんです（笑）。

バドミントンをしてる間だけは、仕事のことを全部忘れていますね。気持ちは高校生です（笑）。サン・アド*のデザイナー達ともするんですけど、僕、手を抜かないから言われるんです。「デザインより厳しい」って（笑）。

●日曜大工

休みの日は、買い物に行ったりする程度で、家でゆっくり過ごしています。と言いながら、先週の日曜日は、地元のホームセンターに行きました。アンテナの引き込み線が駄目になっちゃったんで直そうと思いまして。電器屋さんの仕事がいい加減で、壁に接着した連結ターミナルが、すぐにはがれちゃうんですね。それでいろいろ考えた末、金属の突っ張り棒で押さえることにしたんです。その金属の両端にゴムのクッションが必要だと思って、その分を二ミリ短くするか、三ミリ短くするか、店の工作室で五分くらい迷って（笑）。結局二ミリでやってもらって、帰ってから見てみたら四ミリが正解だったんです。ですから、来週の土曜日はそれをやすりで二ミリ削らなきゃいけないんですよ。そんなわけで結局忙しい（笑）。

以前、ウイスキーの仕事で小野田隆雄*さんが書いた、「ポッカリと時間のあいた日

＊サン・アド
サントリー宣伝部が独立し、系列会社として一九六四年に設立されたデザインプロダクション。柳原良平、開高健、山口瞳、坂根進ら、当時広告界で活躍していた錚々たる面々が設立に参加した。ライトパブリシテイ、日本デザインセンターとならび、日本の広告・デザイン界をリードしている。

＊小野田隆雄（一九四二〜）
コピーライター。栃木県生まれ。東京都立大学卒業。一九六六年資生堂入社、宣伝部配属、八三年フリーに。資生堂「ゆれるまなざし」、サントリー「恋は、遠い日の花火ではない」などがある。著書に『風に向かって咲く花』がある。

曜の午後、まさかアイスクリームでもないだろう」というコピーがありましてね。大好きなコピーなんです。でも、僕にはまったくそういう大人の時間がやって来ない（笑）。そんなこんなで、家族から「じっとしているのを見たことがない」って言われるんです。

●仕事部屋で歌謡曲を聴きながら

仕事部屋がありまして、土日に仕事をする時はそこでしているんですね。夜、好きな音楽を流しながら、焼酎の黒烏龍茶割りなんかで、ほろ酔い気分でやってますね。道具もマック以外は大体そろってます。コピー機もあるんですよ。それで拡大縮小したものを切ったり貼ったり。昔ながらの方法です。装丁とか、会社ではあまりできない自分で手を動かす仕事もここでやります。仕事とは言っても、僕の楽しみの時間かな。若い頃、あまりに高くて買えなかった曲線定規のフルセットを買ったんですね。それで絵のようなものを描いたり。

ＮＨＫの「ラジオ深夜便」という番組があって、夜中の三時から四時までは懐かしい日本の歌が流れるんです。いっときそれに夢中になっちゃいましてね。タイマーで録音しておいたものを時々聴いています。西田佐知子とか、三木鶏郎とか、浜口庫之助とか、ある時は童謡とか。時々、なかなかいい特集があるんです。それに、アナウンサーが必ず作詞家と作曲家の名前をちゃんと言ってくれるんで、参考になるんですね。ああ、この曲はなかにし礼の作詞だったのかとか。昔使っていたカセットに録音したんですよ。つまらなかったらそこに上書きするんですけど、もう膨大な量になっちゃって（笑）。あ、もちろん洋曲だって聴いてますよ（笑）。デザインに音楽が影響するかもと、クラシックなんかで気分を高める時もあります。同じサン・アドのクラシック好きの藤森益弘*さんが、ある時、「葛西薫のためのクラシック二十五選」という

＊藤森益弘（一九四七〜）
プロデューサー。作家。大阪府生まれ。京都大学法学部卒業。一九七一年サン・アド入社。サントリー・ギフトシリーズ、ピュアモルトウイスキー山崎、ウーロン茶、資生堂・タフィ、トヨタ自動車・アレックスなどの制作に携わる。また、小説家としても活躍し、サントリーミステリー大賞優秀賞を受賞した『春の砦』『モンク』などの著書がある。

選曲をしてくれましてね。それがいいガイドになっています。

いつか、たまったカセットの中から好きな曲だけを全部デジタル化して、iPodに入れてシャッフルプレイをする。いいですよね。どの曲がかかっても全部僕のための曲ですからね（笑）。家族と一緒に聴いてもいいんですけど、娘だけでなく、義母にさえ、あまりに古くてすぐに「やめて」って言われますからね（笑）。

少年・青年期

●一九四九年、札幌郡豊平町に生まれる

生まれたのは一九四九年十月三日、北海道札幌郡豊平町字美園というところです。父の名は、佐々木清二。戦争で中国に行き、戦後札幌に戻って、僕が一歳二ヶ月の時に病気で亡くなりました。若い頃は米問屋で働いていたそうですが、父はどんな人だったんだろうかと、よく想います。古物商の許可証が残っているんです。もしかしたら芸術心があったのかもしれませんね。父の写真を見ると、僕の若い頃にそっくりなんです。ですから、見るたびに特別な気持ちになります。

母はツカヨという名前です。同じ北海道の伊達紋別の隣の長流《おさる》（現・伊達市長和町）の農家の生まれです。父が亡くなって、母は一旦実家へ帰りました。その後、ある人の紹介で再婚して、室蘭市輪西町に引っ越しました。それが一九五四年、僕が四歳半くらいの時で、相手は富士製鉄（現在の新日本製鉄）に勤めていた葛西徳蔵という人でした。僕の育ての親ですね。それで、僕は葛西薫になったわけです。

その父も奥さんと死別していて、四人の連れ子がいましたから、僕はかなり歳の離

れた末っ子となりました。父は昔、樺太で営林局に勤め、材木を扱う仕事をしていました。戦争が終わって北海道へ引き揚げてきて、富士製鉄の室蘭工場に就職することができ、コークス課で働いていました。それで、ようやく生活が安定したそうです。

義兄二人も同じ新日鉄で三交替の仕事をしていました。勤務時間がバラバラですから、全員そろってご飯を食べるということもあまりありませんでした。住んでいたのは五軒長屋の社宅。ものすごく懐かしいですね。平屋で二間しかなくて、さすがに狭いので父が裏に増築しました。父は大工仕事のプロでしたから何でも自分で作ってしまうんです。そうして作った三畳間を二番目の兄が使っていました。長兄は会社の寮に入っていたんです。娯楽といえば、ラジオ番組をみんなで聞いていたくらいで、まあ、家族がひしめくように生活していて。ギリギリの生活だったと思います。

夏休み、冬休みにはいつも一人で長和の母の実家へ十日間くらい遊びに行っていました。家畜がいて畑があって、馬車に乗り、従兄弟達と一緒にそれはそれは楽しい休みを過ごしました。真冬の長和の風景はとてもきれいでした。雪が降ると静かで、馬そりのシャンシャンという音だけが聞こえてくる。今でもいい風景だったなと思います。

父が本当の父じゃないということは、小学二年の頃に長和に遊びに行った時、叔母から聞いて知りました。薄々感じていたので、ショックはさほどではなかったんですが、子ども心に、これからはしっかりしなきゃ、と思った記憶があります。

●父のこと

父は、元々大工でしたから、家でもいろんな工作をしていました。同じ社宅の人から犬小屋を頼まれて作ったり、神棚を作ったり。父が作ったソリは性能が良く、社宅で一番スピードが出るというので、よく友達が貸してくれと言ってきました。大工道具がたくさんあって、夜はいつも鋸《のこ》の刃をやすりで削ったり、道具の手入れをしてました。

父の仕事ぶりを見ていると感動することがいっぱいでした。とにかく美しく木材を切るんですね。ホゾとホゾ穴が一分の隙もなくはまるんです。父がカンナをかけると、かつお節みたいに薄く削れるんですね。僕も大工仕事が大好きだったので、「これは薫用だ」ということで、僕専用の大工道具も持たせてくれたんですが、僕のカンナはそうは削れない。それで、こっそり父のカンナを借用したことがあるんです。そうしたら、木から釘の頭が出ていたのに気付かないでガリッとやっちゃった（笑）。それで、カンナの刃が一ミリくらい欠けちゃったんですよ。父は滅多に僕を叱らなかったんですが、そのことを打ち明けたらものすごく叱られ、「砥石で、欠けがなくなるまで研げ」って言われて、一日研がされました。途中で許してくれましたが（笑）。

●模型に夢中だった小学校時代

小学生の頃は、とにかく身体が細いし小さいしで、運動会なんかでは全然駄目でしたね。野球をする時も、バットが重たくて振れないんですから。そのことは、かなりのコンプレックスでした。成績で良かったのは理科と図画工作で、国語と社会は嫌でしたね。特に作文は。

家では工作ばかりしていて、小遣いを少しでももらうと必ず模型屋さんに走りました。僕の住んでいた港北町の近くから、通船と呼ばれる小さいポンポン船に乗って三十分くらいで室蘭に行けました。いつかその船の最後尾に立って、自作のモーターボートをラジコンで操縦して室蘭まで連れて行く、というのが僕の夢だったんです。実現しなかったですけどね。

●母の死

室蘭市立大和小学校に通ってたんですけど、五年の時に室蘭市港北町に引っ越して、高平小学校というところへ転校したんです。社宅が老朽化して、取り壊すことになって、うちは何十軒かある中で一番最後に引っ越しました。その新しい社宅に越して間もなく、母が病気で亡くなりました。過労が原因だと思います。苦労ばかりしてきた母の人生を想像すると、胸が苦しくなります。

母は、再婚する直前まで、伊達紋別で編み物、毛糸販売の仕事をしていました。再婚した後も、その経験を生かして働いていました。子どもたちの学費や生活費が必要でしたから。僕がふとんに入っても、枕元でいつも編み機の音が鳴っていました。仕事の合間に、僕のイニシャルの「ＫＫ」っていう文字が入ったチョッキを編んでくれたことがあります。とても嬉しくて、遠足の時なんかに着ていました。

僕は小さい頃、よく親戚とか近所の人から「腰ぎんちゃくみたいにいつもお母さんにくっついてる」って言われていました。小学校に入る前だったかな、冬のある日、長和から隣村の有珠《うす》に住んでいた叔父のところに母と一緒に行った帰り道、もの凄い吹雪になったんです。当時、母は和服を着ていたんですけど、あんまり寒いので、母の角巻の中に入って山を降りてきました。一時間ぐらいだったのか、目の前は真っ暗で見えるのは足元だけでしたが、とても温かくてなんだか楽しかったですね。母との一番の思い出です。

僕は今、両親の経験できなかった時間を生きているんだなと思います。父と母の短かった人生を想うと、その分、少しでも、今という時間を大事に過ごさなければと思うんです。

●「デザイン」を意識した中学校時代

港北中学校に進んでからも、相変わらず模型に夢中でした。理工クラブに入って、ラジオや鉄道模型を作っていました。それで、文化祭の時に、「未来の室蘭」という四畳半くらいの大きな模型を作るということになって、僕が担当したのは、室蘭岳にロープウェイを走らせることでした。それで、いよいよ明後日は発表だという時に、丸鋸で怪我をしちゃったんです。焦って左手の親指が丸鋸に触っちゃったんですね。血が勢い良く出て、そのまま卒倒してしまいました（笑）。ほとんど完成というところまでこぎつけておきながら、結局友達に引き継いでもらったんです。痛恨の思い出ですね。

子どもの頃は、半分本気で模型屋の店主になりたいと思っていました。ただで模型が作れると思ったんですね（笑）。そうでなかったら、機械が好きでしたから、工業関係の例えば機械技師みたいな職業もいいなと思っていました。

ところが二年になった時、新日鉄の職業訓練学校だった輪西工業高校を受けさせられました。父にとって、将来の安定のためには、新日鉄こそ絶対だったんですね。二人の兄はそのコースを辿ったんですが、そこに入学するということは職工になるということでした。筆記試験以外に身体検査もあったんです。それで、幸いにも落ちました（笑）。細くて小さい身体を見て、「これは肉体労働は無理だ」ということになったんじゃないかと思います。

中学時代では、相坂繁先生という美術の先生のことが忘れられません。「世の中に輪郭線というものはないということがわかるか。線というのは、面と面との境目であって、世の中に線そのものがあるわけではないんだ」とか、思えば視覚の真理をいろいろと教わりました。友達を通して聞いたんですけど、相坂先生が「葛西は絵よりデザインだな」って言ったそうなんです。「デザイン」という言葉を初めて意識したのはその時だったかもしれないですね。

●二人の兄

長兄は、学生時代は美術部に入っていて、絵や写真が好きでした。次兄は文学が好きで、いつも小説を読んでいました。二人とも、家の事情で新日鉄に入れられてしまったという思いがあったんだと思います。兄たちは兄たちで、僕とは違うコンプレックスを持っていたんですね。ですから、後に僕が「東京に行く」と言った時は賛成してくれました。「俺はできなかったけど、お前はどんどんやれ」という気持ちがあったんでしょう。

長兄は、マミヤのカメラを手に入れて、時折バイクに乗って北海道中を旅行をしては、写真を撮っていました。北海道の写真コンテストで賞をとったこともあるんですよ。よく印画紙を買いに行かされました。暗室に潜り込んで手伝いをしたこともあります。「薫はいいなあ、好きなことができて」と言っていたことがありました。よく遊んだイタンキ浜を撮ったとてもいい写真があって、東京に出て来る時にもらいました。その兄は昨年、七十二歳で亡くなりました。

僕が小学生の時、次兄が修学旅行で行った東京から帰ってくるなり、風邪をひいて寝込んでいた僕を「薫、起きろ」って起こすんですね。何かと思ったら、おみやげに鉄道模型を買ってきてくれていたんです。ふとんの上でレールを組み立てて、走らせてすごく嬉しかったですね。僕が東京に出てしまってからも、帰省するたびに行きつけのバーに連れて行ってくれて、東京でのことを何かと聞いてくれたりしました。そういえば、今使っている製図器は高校時代にこの兄からもらったものなんですよ。小さい時からいろいろかわいがってくれました。その兄も二十年前、父が亡くなった翌々年に若くして亡くなりました。

長兄の書棚には、『アトリエ』とか『美術手帖』、『アサヒカメラ』などがズラッと並んでいて、次兄の方は、山岡荘八や吉川英治の隣に、幻想文学を集めた「人間の文学」という全集もあって、僕は時々取り出しては眺めたりしたものでした。二人の兄とは血はつながっていませんでしたが、何か表現することに飢えていたという点でつながっていたように思います。

●高校でバドミントンを始める

輪西工業高校を落ち、結局、北海道立室蘭栄高等学校に入学することになりました。当時は小学区制で、行ける高校は限られていたんです。

入学して、バドミントンクラブに入りました。中学三年の時、隣に住んでいる同級生と夕凪の時刻によくバドミントンをして遊んでいたんですね。スポーツはまったく駄目だった僕が、なんだかうまく打てるんですよ。毎日のようにやって、汗をかいたら二人で銭湯に行きました。その彼と高校が同じになって、「一緒にバドミントン部に入ろうか」となったんです。まあ、軽く見ていたんですね。

ところが、入ってみると栄高の中で一番きつい部だったんですよ。毎日、六、七キロもランニングして、帰ってきてから腕立て伏せ、腹筋、うさぎ跳び、あとは素振り。その素振りのフォームがいいと先輩に言われて、そのうちにシャトルを打たせてくれることになりました。ジャストミートすると気持ちいいんですよ。パーンパーンと体育館に音が轟くんです。一緒に入部した友人は、受験があるからとクラブを辞めてしまい、中途入部してきた笠井くんとダブルスを組みました。僕はフットワークで、笠井くんはパワーで押すタイプ、室蘭のランキング一位にまでなったんですよ。室蘭民報に載った記事、今でも持ってます（笑）。と言っても、一年上の先輩は栄高始まって以来のインターハイ出場を果たしたんですが、僕らは全道大会出場が精一杯でした。

バドミントンの話をすると長くなりますよ（笑）。

●レタリングの通信教育

二年の時に東京、京都まで修学旅行に行ったんですけど、道々、同級生の田口清英くんといろいろ話していたんです。それで、彼が「俺は今、通信教育でレタリングというのをやってる」って言うんですね。聞いてみると「文字をデザインするんだ」と言う。僕は小さい頃から文字が好きだったんです。それで旅行から帰って、田口くんからレタリングの教材を見せてもらったら、日本通信美術学園というところの講座で、タイトルとかロゴタイプのデザインだけでなく、明朝体とゴシック体の仕組みとか、活字の基本を教えてるんですね。それを見たらまるで機械の設計図みたいで、興味が湧いてきて、僕も通信教育を受けることにしました。で、さっそくその真似事をしようと思って、修学旅行の手製アルバムを作って、中にふんだんに観光名所の地名をレタリングしたんです。今見ると我ながらよくできているなあと思います。

そのうち教材が届きました。やり始めたらこれがおもしろくて、夢中になりました。その頃、兄が使っていた三畳間が僕の部屋だったんですけど、そこでレタリングの課題をするんですね。冬はすごく寒くて、丹前を二、三枚着こんで、手がかじかむのを防ぐために軍手の指先を切ったものを手にはめて、溝引き定規*で明朝体やゴシック体を練習しました。卒業すると級位が与えられるんですが、一級から六級まであって、僕は四級でした。がっかりでしたね。説明によると、四級取得者は、「余程努力しないとプロにはなれない」というレベルなんですよね（笑）。

●進路

三年になって、父に恐る恐る進学の相談をしました。近くに室蘭工業大学がありま

＊溝引き定規
目盛りと反対側に溝が彫ってある定規。溝引きとは、筆と線引き棒を平行に持ち、溝引き定規の溝にその棒を当てて線を引く技法。

す。当時の国立二期校ですね。そこだったら、みんな行っているし、行かせてもらえるだろうと勝手に思っていたんです。そうしたら、「そんな余裕はないから、行くなら自分で稼いで行きなさい」って言われてしまって。考えてみれば、兄や姉たちはみんな早く就職して、家を助けてきたんですよね。

大学はあきらめたものの、その先、何のあてもありませんでした。日本石油の室蘭精製所が近くにあって、誰の紹介だったのかそこで社員を募集してるというので受けてみることにしました。面接は隣町だったので、自転車に乗って行きました。坂を下り切ったところの踏切が、急に鳴り出して、一瞬迷ったんですけど急ブレーキかけたんです。そうしたら見事に転倒しちゃって。それでも、怪我をした手を隠しながら、そのまま面接試験を受けたんですが、結局落ちました。

その後、国家公務員を受けてみようと思って次兄に相談したら、なぜか「税務を受けるといいぞ」と言うんです。それで、税務の試験を受けたら今度は合格。その合格通知に返信はがきがあって、採用か不採用か、どちらを希望するか丸をつけて返信するようになっていたんですね。そこで改めて考えてみたんですが、どうにも気が進まなくて、結局、父に内緒で不採用に丸をつけて返信してしまいました。後で「入りたくなかったから」って言ったら、随分怒られました（笑）。

それで、いよいよ後がなくなってきて、二年の時の担任で、就職担当だった中島稔先生に呼び出されたんです。「お前、何をしたいんだ」って訊かれて、レタリングのことを思い出して、軽い思いつきで「札幌へでも行って、看板描きのような文字に関する仕事だったらできるような気がします」って言ったんですね。そうしたら、先生は「デザイン関係に行くんだったら、札幌じゃなくて東京に行け」ってすぐに言ったんですよ。びっくりしました。

そんな時、東京の文華印刷株式会社という所から求人がきたんですね。それを先生が教えてくれて、見てみたら文京区の白山にある、従業員が五〇人くらいの会社でした。ちょうど工場を新築するところで、社屋の完成予想図を見て、「わあ、きれいだな」と思ったんですね。それで、応募してみることにしました。通信教育のおかげで印刷の知識は少しはあったんです。それで、版下*部門や製版*関係に行けばなんとかなるかもしれないと気持ちが動きました。

●東京の印刷会社へ面接に

それで、一人で東京まで面接試験に行きました。会社は上野駅に近いと聞いていたので、タクシーに乗って「シロヤマまで」と言ったら、運転手が「知らないなあ」と言うんで焦ったら、「あ、ハクサンね」と言われて、初めて白山はハクサンと呼ぶんだとわかりました（笑）。白山界隈は古い家並がつづいて道が狭くて、なんだか東京に来た感じがしませんでした。試験は、社長面接だけでした。レタリングの作品を見せたんですが、いいも悪いもなく、すぐに合格でした。そして、随分おいしいものを食べさせてくれました。忘れもしない、白山下の「新三陽」という今でもある中華料理店。それまでは、中華料理ってラーメンのことだと思っていたんですね（笑）。食べたことのない料理ばかりで、とりわけ酢豚がすごくおいしくて、「こんなにうまいものが世の中にあるのか」と本気で思いました。

帰る日は、社長夫人が一日東京を案内してくれました。すごくきれいな人なんです。ひとつだけお願いして、いつもレタリングの添削をしてもらっていた石川稔という先生に会いたくて、千駄ヶ谷にあった日本通信美術学園に連れて行ってもらいました。そこで会うことができた石川先生から、「頑張ってください」と言われただけで、感激しました。それから、上野からの列車が出るまで時間があって、近くの映画館で『荒野の一ドル銀貨』というマカロニウエスタンを一緒に観て、すっかり満足（笑）。

＊版下、製版、写植
現在のように、印刷の前工程をデジタルで処理するＤＴＰが普及する以前、文字、イラスト、写真などを印刷物の原寸の台紙にレイアウトしたものを版下と呼んだ。また、版下に貼り込む文字は写植（写真植字）といい、文字を一字ずつ印画紙、またはフィルムに、指定のサイズ、字間で印字した。その後、版下を撮影して色別のフィルムを作る製版作業を行い、まとめられたフィルムを、感光溶剤が塗られたアルミ板に感光させ、印刷するための〝はんこ〟である刷版（さっぱん）を作り、印刷作業に入る。

それで、帰り道に「ここに決めよう」と思ったんです。

就職

●一九六八年、東京へ

東京へ発つ日、バドミントン部の後輩や親戚、家族が東室蘭駅のホームで見送ってくれました。とりあえず、男らしく「じゃあ」とか言って別れたんです。でも、列車がガタンって動いてから十分くらいしたら、ものすごく悲しくなってきて。もう一生みんなとは会えないような気がしたんですね。こらえてもこらえても涙が出てくるんです。四人掛けのボックスシートで三人知らない人がいますから、ずっと窓の方を向いて顔を隠して泣いていました。それでも嗚咽が止まらないんで、トイレに行って思い切り泣いて席に戻りました。とにかく、函館に着くまでの数時間、そんなふうにずっと泣いていました。僕は泣き虫じゃなかったんですけど。それで、夜中の十一時に青函連絡船に乗って、朝五時に青森に着いたんですね。その時にはもうすっきりしていて、「ああ、ここは希望あふれる内地だ!」って（笑）。上野駅に着いた時には、やる気満々になっていました。

●版下制作部の仕事

文華印刷に入る最後の決心がついたのは、住み込みで食事付きだったからです。少なくとも生活はできますからね。社屋の最上階の四階に、四畳半が三部屋あって各二人ずつ。一人を除いてはみんな北海道から来た同期ばかりでした。その住み込みの六人は六時半頃に起きて、まず印刷機の拭き掃除をします。ウエスっていうんですけど、ぼろきれで印刷機の油汚れをきれいにふき取るんですね。手が油で真っ黒になるんで、専用の石鹸で十五分くらいかけて洗わなければなりません。八時半になると朝礼をして仕事を始めます。

一、二階はオフセットの印刷工場、版下制作部は三階の営業部の一角にあって、佐々木今朝男さんというチーフと、三、四歳上の先輩と新人の僕の三人という体制でした。最初に覚えたのは、写植*指定の仕方です。烏口*や筆を使っていた時代で、仕事はほとんどが家具屋のチラシのデザインでした。佐々木さんは、いかにも職人という感じで、とりわけ烏口の使い方がうまかったんです。角丸なんかもすごくきれいにつなぐ。円弧と直線をなめらかに繋ぐのは、ほんと難しいんですよ。それと烏口の研ぎ方が上手いんですね。僕が研ぐと、爪の先のどちらかが長かったり、尖っていたりして、細い線を引こうとすると紙が切れてしまう。佐々木さんは、J・KスタジオとかVCCからの西武百貨店のDMなどの版下も作っていました。入社した時は、ちょうど渋谷店がオープンする年で、そのDMのデザインもすごく垢抜けていたんだけど、原稿についてくる生の写真やイラストレーションを見て、僕は今、東京にいるんだなあ、と実感しました。

通信教育で勉強したレタリングは、すぐに役に立ちました。チラシのタイトルは立体文字にすることが多くて、なかなか大変なんですけど、チラシ一枚でも何か新しいことをするぞと思って、毎回デザインを変えたりしていました。チラシというのは、二、三十点の形の違う商品写真を、コピーやタイトルと一緒に、どう隙間なく埋めるかというのが大事なことで、白地を残すということはあり得ないんです。複写機のない時代ですから、トレーシングペーパーで形をなぞりながらです。コピーもイラストも全部一人でやらされました。今はもうできないですね。結局いつも夜九時くらいま

*写植　43頁参照。
*烏口　くちばし状の部分にインクを含ませ、線を引く道具。線の太さを自由に変えられる。版下制作や製図に使用された。

では仕事をしていました。平日はただ三階と四階を往復するだけの毎日でした。

九八年に、『葛西薫の仕事と周辺』という本が出版されて、当時の仕事がそこに載っているんですが、ある時、都築響一*さんに、「あの頁が一番よかった」と言われましてね。ようやくチラシから離れられたのに、分からないものですねえ（笑）。

●レタリングで初めて賞を受ける

「こんな毎日でいいんだろうか」と常に不安でした。会社に入ってからも通信教育は続けていました。しかも困ったのは、四畳半に二人なので机を置いたらふとんが敷けないわけです。そこで、ふとんを敷いた後、空いた押し入れの奥にスタンドを置いて、そこを机がわりにして課題をこなしました。

ある日、その通信教育の日本通信美術学園から電報が届いたんです。僕の作品が、スタジオ賞という賞に選ばれたという知らせでした。電報なんて大げさですよね（笑）。もう、狂喜乱舞しましたね。そのまま自分の四畳半の部屋に行って、一人転げ回って喜びました。本当に（笑）。『スタジオ』という会報に載るだけのささやかな賞なんですが、後にも先にもこの時ほど嬉しかったことはありません。自信がなかったところに、「デザイナーになってもいいんだよ」と言われたような気がしたんです。嬉しいものですから、発表された記事をアルバムに貼ったりしました。

●デザイナーとの出会い

会社のビルの一室にチラシのデザインをするGKという名前のデザイン事務所が入っていたんです。そこでアシスタントをしていた人が、後にサン・アドで一緒になる桑原圭男*さんです。桑原さんの話はいつもおもしろくて、仕事の合間にその部屋に行っては雑談してました。

＊都築響一（一九五六〜）
編集者、写真家。東京生まれ。上智大学卒業。フリーの編集者として『ポパイ』『ブルータス』等で現代美術、建築、デザイン、都市生活などをおもに担当する。東京の若者が住む一〇〇の部屋をまとめた記録写真集『TOKYO STYLE』で話題になり、各地の奇妙奇天烈な名所を写真で訪ね歩く『ROADSIDE JAPAN 珍日本紀行』で木村伊兵衛写真賞受賞。

＊桑原圭男（一九四六〜）
コピーライター。サラブレッド研究家。石川県生まれ。一九七二年サン・アド入社。主な作品にサントリーモルツ「エダマメダケハフサクニナルナ」があり、また長年サントリー輸入ワインの制作に携わる。二〇〇二年独立、「パカパカファン倶楽部」を主宰している。

休日にはよく一緒に遊びました。ライブハウスの新宿ピットインとか、銀座の銀巴里にも行ったりして。この頃は横尾忠則*さんが頭角を現してきた頃で、僕はすっかりそのアンチモダニズムのデザインの虜になって、よく状況劇場の芝居なんかを観たりしてました。

もう一人、僕をいつも指名してくれたのはフリーのデザイナーの槇篁《まきたかむら》さんという方で、僕のことをとてもかわいがってくれました。休みの日に、ご自宅に呼んでくれて、デザインのあれこれを教えてくれました。「通信教育ばかりやっていても駄目だ。近くにヴィジュアルデザイン研究所というところがあるから夜間部に入ったらどうだ」と薦められ、通うことにしました。

週二日、六時に仕事を終わらせてもらって、東大植物園の脇道を通り、茗荷谷の駅の隣にあるヴィジュアルデザイン研究所まで歩いて行きました。楽しかったのは、外の知らない人とたくさん会えたことです。夜間ですから、年齢もバラバラでいろんな人が集まっていたんです。ところが、授業は退屈でした。仕事をしている方が実際的でおもしろい。学費も続かなくなって数ヶ月で辞めてしまいました。

文華印刷にお世話になったのは、結局、二年間だったんですけど、十年に値する濃密な日々でした。文華印刷時代のことを話し出すともう止まらなくなるんですよ、いろいろありすぎて（笑）。まだ僕は十代でしたから、みんなやさしかったですね。でも、僕は、デザイナーになりたかったこともあって、このままここにずっといるわけにはいかないと思っていました。

●一九七〇年、大谷デザイン研究所へ転職

大谷デザイン研究所の社長大谷四郎*さんは、「ＯＨ68」という、「タイポス」に対抗する写植の書体を作った、レタリングの大家だっていうことは知っていました。それと

*横尾忠則（一九三六〜）
アーティスト、グラフィックデザイナー。神戸新聞社を経て、ナショナル宣伝研究所に入社。日本デザインセンター創設時に転籍。一九六四年宇野亜喜良、原田維夫とスタジオ・イルフィル創立。ポップでキッチュなイメージや、情念的な表現を、デザインやアートの世界に持ち込んだ。

*大谷四郎
書体デザイナー。一九五七年西武百貨店入社、宣伝部配属後、六四年大谷デザイン研究所を設立。六二年日本タイポグラフィ協会の前身日本レタリング協会の立ち上げに参加。「羽衣」「曲水」「ＯＨ書体」等の書体デザインをする。著書に、『日本文字の書き方』『図案文字』等がある。

大谷デザイン研究所でも、西武百貨店の広告を作っているということを何かで知ったんですね。ある日新聞を見たら、その大谷デザイン研究所のデザイナー募集の広告が載っていたんです。文華印刷で、僕はすっかり西武百貨店のファンにもなっていましたから、すぐに応募しました。作品といってもチラシしかありませんから、ポスターカラーを使った急造のポスターなんかを持って面接に臨んだんです。幸い採用となりました。

●デザイナー葛西薫の誕生

会社は高田馬場にあり、九時前に出社して掃除して、先輩たちの筆洗を洗って机に置くことから一日が始まりました。レタリングのチームと広告のチームがあり、僕は広告の方でした。レタリングのチームは『女性自身』など、週刊誌の記事のタイトルを、すべて原寸で溝引きで書いていました。トップ記事のことを「柱《はしら》」って言うんですが、一度お願いして書かせてもらったことがあります。それが丸一日もかかってしまい、さすがにプロは違うなあと思いました。

仕事はDMとかパンフレットとか小さなサイズのものがほとんどでした。僕と同じ歳頃のコピーライターやデザイナーが数人いて、その若い僕らを束ねていたのは、アートディレクターの飯島保良《もりよし》*さんです。営業マンは数人しかいなくて、たいていの仕事は、自分たちでクライアントに行って説明を受けて、提案して形にするというやり方でした。飯島さんはとても苦学された方で、未熟な僕たちを、わけへだてなくいつも親身になって支えてくれました。

●デザインに対する認識

当時の僕のデザインは、シンプルというものからはほど遠く、何かしなきゃ気がす

＊飯島保良（一九三五〜）
静岡県生まれ。大谷デザイン研究所役職、タンク・クリエイティブ設立、桑沢デザイン研究所非常勤講師等。八幡製鐵系、三菱重工系、JTB海外旅行等の印刷物デザインを手掛ける。現在、モダンアート協会会員。「河口の風景」の自主撮影で全国を回り、パソコン表現によるクリエイティブ・フォトグラフィーを楽しむ。

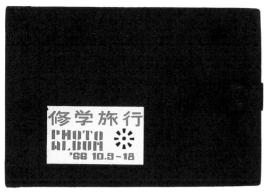

高校生の時に作った修学旅行の手製アルバム 1966年

レタリング試作 1968年

通信教育の課題作品 1969年

初めてデザインしたチラシ 1968年

映光家具のチラシ 1969年

ウエディングパックリーフレット 1972年

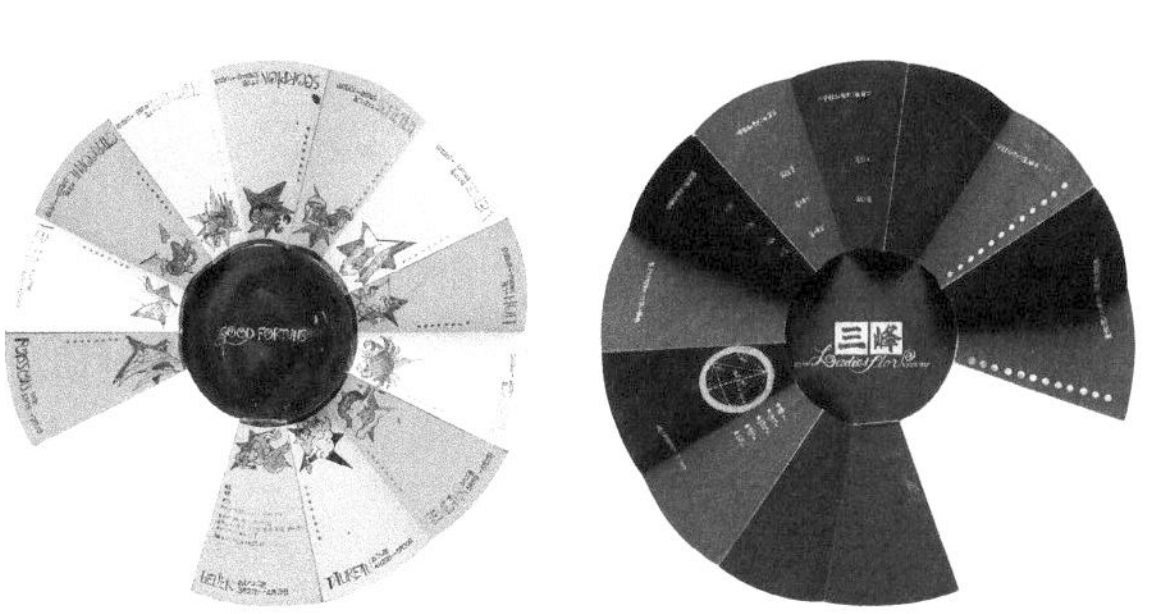

洋品店三峰の景品作品 1972年

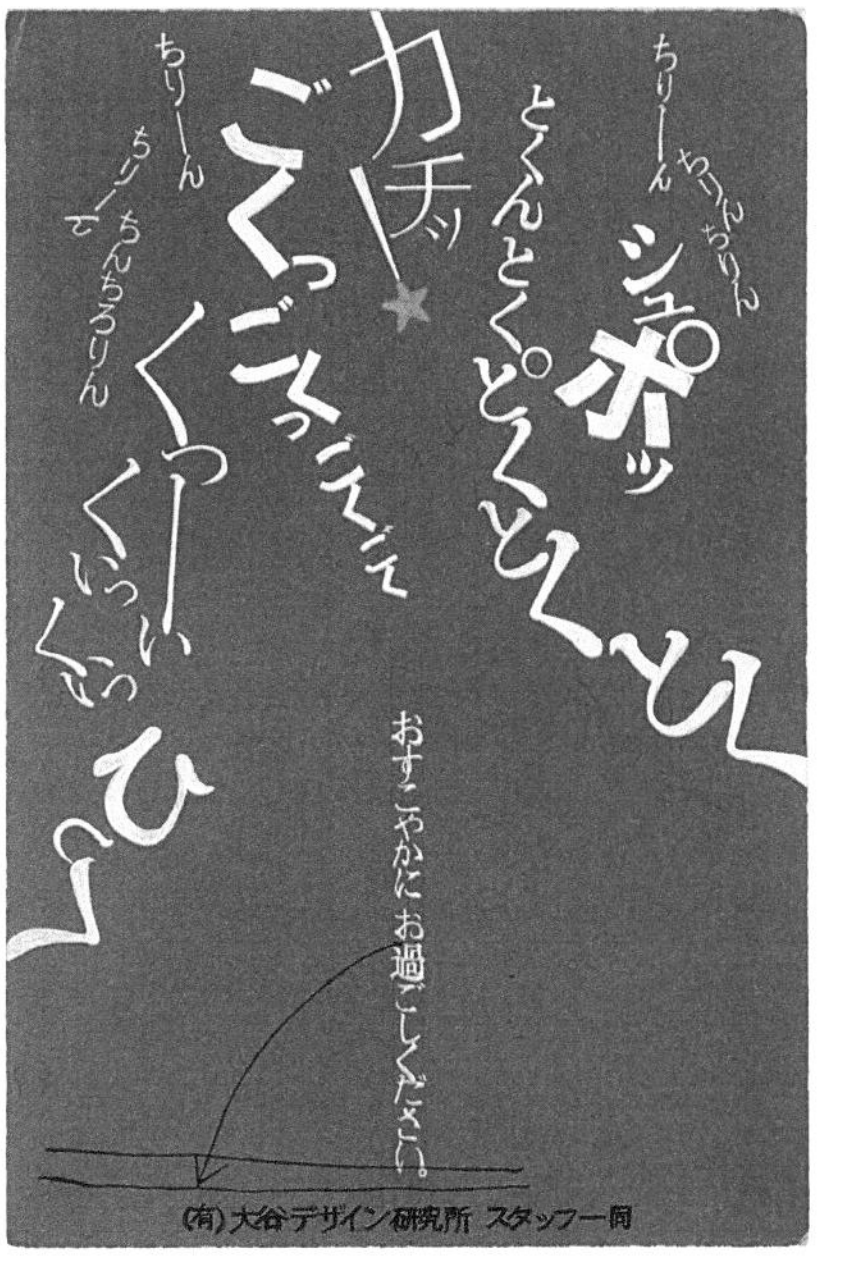

大谷デザイン研究所の暑中見舞いハガキ試作 1971年

まないといった感じで、写真のコラージュなんかもよくやっていました。印刷所時代の癖で、空白とか白地とかは考えられなかったんですよね。飯島さんは「下手でもいいからオリジナルを考えなさい」といつも言ってました。ある時、すごく褒めてくれたことがあったんです。

それは、結婚式場のウエディングパックというリーフレットの表紙で、単純に三色のベタで色面構成したものなんですが、飯島さんは、「すごくいい。これがデザインというものだ」とおっしゃるんです。僕は、色紙をちょっと切って貼っただけなんですが、飯島さんは、デザインは最小限の要素で、見る人のイメージをふくらませることができるんだ、ということを伝えたかったんだと思います。

当時、同僚に木之内厚司さんがいました。彼は、とにかくロゴタイプがうまいんです。その木之内さんの話によく出てくる人に、深野匡*さんとハーブ・ルバーリン*の名がありました。深野さんの「クラベラ」は、今でもそらで書けるくらい好きなロゴタイプでした。ルバーリンのことはまだ知りませんでしたが、彼の『ＥＲＯＳ』という雑誌のタイトルロゴは、まさに官能的でしたね。この頃、大枚をはたいて買ったモンセン*の見本帳と、『アイデア別冊』のルバーリン特集号ばかり、いつも見ていました。この間、京都の本屋で『ＥＲＯＳ』の古本を見つけたんですよ。僕の宝物の一冊になりました。

●一九七一年、桑原圭男と準朝日広告賞を受賞

ＧＫにいた桑原さんはコピーライターになろうと、久保田宣伝研究所に通っていて、よく「これからは広告の時代だ」と言っていました。「ＤＤＢ*を知ってるか」とか「コンセプトってなんだと思う」とか、最初は何それと思ってましたけど、薦められたフォルクス・ワーゲンの広告作法の本を読んだり、海外の広告代理店の特集を見たり

*深野匡（一九二九〜一九九一）
東京生まれ。日本広告美術学校卒業。一九五四年ライトパブリシテイ入社。ロゴタイプの第一人者として、デザイン界をリードし続けた。主な仕事に、ケンとメリーのスカイライン、カロリーメイト、また、クラレが開発したポリエステル繊維「クラベラ」などのロゴがある。

*ハーブ・ルバーリン（一九一八〜一九八一）
グラフィックデザイナー。ニューヨーク生まれ。クーパー・ユニオン卒業。サドラー＆ヘネシー社を経て、ハーブ・ルバーリン社設立。タイポグラフィの名手とも呼ばれ、一九六〇年代に手掛けた雑誌『ＥＲＯＳ』『アヴァンギャルド』は、欧米のグラフィックデザイン界に衝撃を与え、アメリカ文化の象徴とも言われた。

*モンセン
「モンセン・スタンダード欧文書体清刷集」という欧文書体の清刷集。版下制作の際に使用した。

*ＤＤＢ（ドイル・デーン・バーンバック）
アメリカの広告代理店。アートディレクターのヘルムート・クローンと社長のウィリアム・バーンバックが一九五九年から手掛けたフォルクス・ワーゲン・ビートルの広告が当時の日本の広告界で大きな話題を呼んだ。対象を研究しつくしたユーモア溢れるコピーと、余白を生かした簡潔なレイアウトは世界最良の広告といわれ、日本の広告業界に多大な影響を与えた。

*朝日広告賞
すぐれた広告を育て、表現技術の向上により広告界に寄与することを目的に、一九五二年に朝日新聞社が創設した。新聞広告をベースに、一般から広く公募する公募部門と広告主参加の二部門がある。

しているうち、段々広告っておもしろそうだと思うようになりました。そのうち、桑原さんが「*朝日広告賞に一緒に出そう」って言いまして。それで一緒に応募したんですけど、最初の年は落ちました。一九七〇年のことですね。

それで、次の年も一緒に朝日広告賞に出したら、なんと準朝日広告賞を受賞することができたんですね。『少年漫画劇場』という本の広告でした。広告の世界の輪郭線のようなものが見えてきたのは、その頃のことだったと思います。

サン・アド

●一九七三年、サン・アドに入社

受賞後、桑原さんはその作品を持って、サン・アドに売込みに行って入社が決まりました。一方、僕は、目指す先について、はっきりしたイメージはありませんでした。サン・アドに興味を持ったのは、*西村佳也（後に嘉禮と改名）さんと*小島勝平さんが作った、サントリーホワイトの「ミニ、ミディ、マキシ」とか、「鮒と白」というタイトルの、端正な新聞十段の広告を見たことがきっかけでした。それまで僕は、どちらかと言えばライトパブリシティのようないわば都会的なデザインに憧れていました。というか、*細谷巖さん、*浅葉克己さん、*伊坂芳太良さん……。一人ひとりが僕のスターでしたから。

そのサントリーホワイトの新聞広告は、ボトルと季節の小物を並べ、そこに簡潔な一言のヘッドコピーがあるだけのものなんですが、新聞でこのシリーズを見つけるたびに引きずり込まれました。本文を読むと何か大人になったような気がしてくるんで

＊西村佳也（嘉禮）（一九四二〜）クリエイティブディレクター、コピーライター。東京生まれ。早稲田大学卒業。一九六九年サン・アド入社。七六年西村佳也企画室設立。代表作に国際羊毛事務局「触ってごらん、ウールだよ。」、サントリー山崎「何も足さない。何も引かない。」などがある。

＊小島勝平（一九四三〜）アートディレクター、デザイナー。岩手県生まれ。武蔵野美術短大卒。一九六五年サン・アド入社。七三年ヤング&ルビカム入社。七六年インデックス設立。サントリーホワイト、リザーブ、ビールの広告、東京都「TAMAらいふ21」CI、ゼロックス「ネットワーク」の広告、TOYOTA環境広告などを手掛ける。

＊ライトパブリシティ（一九五一〜）サン・アド、日本デザインセンターとならんで、日本の広告界の流れを作ってきた制作プロダクション。秋山晶、朝倉勇、浅葉克己、杵島隆、坂田栄一郎、篠山紀信、田中一光、土屋耕一、早崎治、細谷巖、向秀男、村越襄、山下勇三、和田誠らデザイナー、コピーライター、写真家をはじめ多くのクリエイターを輩出している。

＊細谷巖（一九三五〜）アートディレクター。神奈川県生まれ。県立神奈川工業高校工芸図案科卒業後、一九五四年ライトパブリシティ入社。「男は黙ってサッポロビール」などに代表されるコピーライターの秋山晶氏との黄金コンビで多くの名作を作り続けている。現在、同社代表取締役会長。

＊浅葉克己（一九四〇〜）アートディレクター。神奈川県生まれ。桑沢デザイン研究所卒業。ライトパブリシティを経

す。そして、そのシリーズがある時一変しました。それがまたロマンチックなんですね。「マイ・ウェイ」とか「熱い音」とか。*東倉《とうくら》晙《たおさ》（後に田長と改名）さんのコピーだと後で知りました。

そんなある時サン・アドがデザイナーを募集していて、これはもう絶対に受けなきゃと思ってすぐに応募したんです。筆記試験があって面接まで行って、何とか入ることができました。合格通知が来たのが年末のことだったんですけど、いつから会社に来てくれますかと訊かれて「正月明け早々に行きます」って答えました。長く待たせて、サン・アドの気が変わったらまずいと思って（笑）。

●頼りにされたレタリング

最初に配属されたのは、*河野俊二さんのチームでした。最初のうちは、業界紙や小口原稿ばかりでしたが、憧れのサントリーのロゴタイプを配置できるだけでもすごく嬉しかったですね。一つだけ頼りにされたのはレタリングです。葛西はレタリングが得意だというのが社内に広まりましてね。この時、サントリーウイスキー発売八十周年のイベントのためのロゴが必要になり、僕のところに仕事がまわってきて、嬉々として文字を作りました。

当時専務だった*坂根進さんも、サントリーに提案するカンプを作る時に、文字の部分が空いている状態で僕のところに持ってきて、左右に鉛筆の線だけが引いてあって、「葛西くん、ここに明朝体でこのコピーを入れといて」って。よく頼まれて書いてましたね。

●戸惑う日々

サン・アドに入って驚いたのは、仕事をしている風景がほとんどないことでした

て、七五年浅葉克己デザイン室設立。サントリー、日清食品、西武百貨店等、広告デザインの第一線で活躍。八七年東京タイプディレクターズクラブ（TDC）を設立。中国少数民族ナシ族の象形文字「トンパ文字」や書にも造詣が深い。

*伊坂芳太良（一九二八〜一九七〇）
阿佐ヶ谷洋画研究所（現・阿佐ヶ谷美術学園）に学び、一九五七年ライトパブリシテイに入社。ADC賞、毎日広告賞など多くの広告賞を受賞。六六年ファッションメーカー「エドワーズ」と出会い、細密な独自の線によるイラストレーションに仕事を絞り、一世を風靡したが、四十二歳で急逝。

*東倉晙（田長）（一九四六〜）
コピーライター。愛媛県生まれ。日本デザインセンターを経て、一九七一年サン・アド入社。その後外資系広告代理店在籍後、乃木坂事務所主宰。サントリーホワイト「マイ・ウェイ」、プロギア「たかがゴルフじゃないですか」などを手掛ける。

*河野俊二（一九三三〜）
アートディレクター。大阪市生まれ。寿屋（現・サントリー）を経て、一九六五年サン・アド入社。七四年飲食店や店舗の企画・設計・施工を行う立体デザイン部門の立ち上げに関わり、トリスバー、レストランTIKITIKI、ファーストキッチン等の店舗設計を手掛ける。八四〜九〇年同社社長を務める。

*坂根進（一九三一〜一九九八）
クリエイティブディレクター、アートディレクター。鳥取県生まれ。一九五四年寿屋入社。PR雑誌『洋酒天国』の編集者、コピーライター

（笑）。昼間でも、近くの雀荘でマージャンをしてるなんていうのは普通だったんです。それで、定時になったらさっと帰るんです。

　昼休みになると、先輩についてすぐ近くの「雲楼」っていう中華料理店によく行きました。僕、それまで昼飯に五百円以上出したことがなかったんですけど、セロリチャーハンというやつがうまくて、それが千円もするんですね。しかも、その後に必ず喫茶店に行ってコーヒーを飲むんですよ。なので、給料がいっぺんになくなっちゃうんです。

　それでも、先輩たちのおしゃべりを聞いている時間は楽しくて、誘われてはついていきました。仕事の話は一切しないで、映画や絵のことなんかを次から次へとおもしろおかしく話してくれるんです。「この前『モンパルナスの灯』を観てさ」と始まって、モジリアーニがどうしたこうしたという風に。僕の方は、たいした知識もありませんから、黙って聞いていることしかできなくて（笑）。隣のチームのリーダーは*山崎英介さんで、笑い声が絶えず、ほんと賑やかでしたね。

　僕が入社して一年後、会社は、京橋から今のパレスビルに移ってきました。この頃はサン・アドに編集部があって、毎週月曜日になると、*矢口純さんを中心に、*開高健さんや*山口瞳さんが集まってくるんです。

　開高さんは、来るなり新潮社あたりに電話をするんです。大声で、「えー、憐れな開高です」って電話をするもんだから遠くからでもすぐにわかる（笑）。そこにまた山口瞳さんが憮然とした顔でやって来る。「大山名人のあの手はすごかったね」とか、「昨日の巨人の戦いぶりはどう思う、君」とか、やっぱり仕事じゃない話をするんですね。

　そんな集団の中で、僕は喋ることもできずに、ただ黙々と与えられた仕事をこなす日々でした。こんな自分がここにいていいんだろうかと、かなりの年月思ってもいました。

として活躍。六四年サン・アドの創設に参加。サントリー、ソニーなどの広告にとどまらず、大阪万博サントリー館の映像プロデュース等その活動は多岐にわたった。七四～八四年同社社長を務める。

＊山崎英介（一九三七～）イラストレーター、画家。東京生まれ。サン・アド創立と同時に一九六四年入社。デザイナーとしてサントリーの広告を手掛ける。七四年退社後、渡米し、リトグラフ、エッチングなどを学ぶ。帰国後、絵画、イラストレーション、エッセイ等幅広く活動する。

＊矢口純（一九二一～二〇〇五）編集者。東京生まれ。一九四八年婦人画報社に入社。六一年『婦人画報』の編集長になる。同誌に山口瞳の『江分利満氏の優雅な生活』を連載し、直木賞受賞に導く。同社退職後、六八年サン・アドに入社。『洋酒天国』の編集者として活躍する。

＊開高健（一九三一～一九八九）作家。大阪生まれ。大阪市立大学卒業後、寿屋入社。『洋酒天国』を創刊し、第二二号まで編集長を務めた。一九五七年『パニック』で作家デビュー、翌年『裸の王様』で芥川賞を受賞。六四年サン・アド設立に参加。

＊山口瞳（一九二六～一九九五）コピーライター。東京生まれ。国学院大学卒業。一九五八年寿屋に入社。『洋酒天国』の編集や、コピーライターとして数々の名作を残す。六三年『江分利満氏の優雅な生活』で直木賞を受賞。サントリーの文化イメージを形成する上で大きく貢献した一人。

●初レギュラー

サン・アドのメジャーな仕事といえば、もちろんサントリーのウイスキーでした。当時、サントリーについては、全部坂根さんが代表してプレゼンテーションをしていました。まず年末にいろいろな商品の広告の方向性について発表があります。その中から、自分がやりたいものを選んで、一緒にやりたい人と組んで、正月明けに坂根さんにプレゼンテーションするんですね。「ミニラフ持ち寄り」という言い方をしていましたけど、そこで坂根さんに選ばれたものが、坂根さんを通してサントリーに提案されるわけです。ですから、正月はあまりゆっくり休んでいられませんでしたね。

その「ミニラフ持ち寄り」は、下っ端であろうがベテランであろうが、みんな公平にプレゼンテーションできるんです。それで、なんとか自分の仕事を手に入れようとたくさん提案しました。その中で、唯一、コピーライターの木内登希晴さんと組んだ「I・W・ハーパー」の、『週刊ポスト』活版*頁二分の一サイズのものが通ったんです。一〇センチ×一五センチ程度のモノクロ活版刷りの頁で一年間。それが、入社して初めてのレギュラーの仕事でした。

この虎の子の仕事を、まるで新聞の一頁広告を作るくらいの気合いで作りました。相変わらず凝ってばかりいた僕のデザインを見て、同じチームの東倉さんから「なくて済むものは全部取れ」と言われました。今でもレイアウトする時にこの一言を思い出します。

●初めての新聞広告

翌年、チーム編成が変わって佐藤浩*チームに入りました。佐藤チームではサントリーフーズの仕事が多かったですね。

ある時、オレンジジュースが新発売されるということで、チーム内でその新聞広告

＊活版
木や金属に字形を刻んだ活字などを組み並べて作った印刷用の版。また、その印刷物。

＊佐藤浩（一九四二〜）
アートディレクター、デザイナー。東京生まれ。一九六〇年味の素入社、広告部配属。六四年サン・アド入社、以後ADとしてサントリー、シチズン、ペンタックス等の広告を手掛ける。八五年佐藤浩デザイン室を設立。毎日広告賞、電通賞、朝日広告賞、JAGDA「平和と環境のポスター展」グランプリ等受賞多数。現在、名古屋芸術大学教授も務める。

のアイデアを持ち寄ることになったんです。新聞十段をやらせてもらえるかもしれないと思うとドキドキしてきて、アパートに帰ってから徹夜でアイデアを考え、ラフを描きました。進化の図解みたいに丸いオレンジが段々四角いパッケージになっていくというものです。それで、眠たい目でチーム内の打ち合わせに臨んだら、誰も考えてきてないんですよ。みんな、主力のウイスキーじゃないということもあって力が入ってなかったんですね。で、結局「これでいこう」と僕の案が採用されました。

コピーライターの佐々木克彦*さんが、その簡単なラフに「四角いオレンジ新発売」とコピーをつけてくれました。それがそのまま通ってしまったんですけど、その時は信じられなかったんですね。「もしかしたら宣伝部長の気が変わって駄目になるかもしれない」なんて思っていたぐらいですから（笑）。

忘れられないのは、上條喬久*さんに絵を描いてもらった時のことです。佐々木さんと二人で上條スタジオに頼みに行きました。僕の頭の中には「日宣美*受賞の凄い人」というイメージが強くあって、ひどく緊張しましてね。いざ説明しようとしたらまったく声が出ないんですよ。それで、ほとんど佐々木さんが説明してくれました。僕はといえば、「というわけでよろしくお願いします」とだけ言うのが精一杯で（笑）。本当にかわいそうなくらい縮こまっていたんです。

それで、できあがりを待ってたわけですけど、上條さんはもう一流ですから、平気で締め切りを破る（笑）。結局、予定よりも数週間遅れて。でも、やっぱり絵はすごかった。丸いオレンジが四角に変わっていく。その表面にある文字もオレンジの球面に沿ったものから少しずつ平らなパッケージ状のものへと変わっていく。その過程でのタイポグラフィの収まりは、本当に完璧でした。

その校正刷りが出てきた日のことです。山崎英介さんが僕の席のところまできて、「葛西くん、いいレイアウトだねぇ」って褒めてくれたんです。すごく嬉しかったで

＊佐々木克彦（一九四四〜）
クリエイティブディレクター、コピーライター。東京生まれ。一九七〇年サン・アド入社。サントリー・ギフトシリーズ「開けてみれば愛」、レゼルブ「与謝野晶子」やオールド「開高健」シリーズ、新潮文庫「坂本龍一」シリーズなどがある。

＊上條喬久（一九四〇〜）
グラフィックデザイナー。東京生まれ、東京藝術大学卒業。一九六八年、日宣美批判の声が高まる中、最後の展覧会で日宣美賞受賞。七二年上條スタジオ設立。沖縄海洋博日本政府館、ライオン、積水ハウス、日本専売公社、東北芸術工科大学などのCI計画を担う。

＊日宣美（一九五一〜一九七〇）
日本宣伝美術会。一九五一年、戦後わずか六年で結成されたグラフィックデザイナー集団。世話人に山名文夫、新井静一郎、河野鷹思、亀倉雄策、原弘ら八名。第一回日宣美展は七〇名の選抜デザイナーでスタート。第三回からの公募形式の展覧会は新人の登竜門として人気があり、多くの作家を輩出した。五〇〜六〇年代は日宣美を通らなければデザイナーにあらずというほどの力を持ち、受賞後給料が三倍になったなどの逸話が残る。七〇年、会員数三七四名のこの会は学生たちの反体制運動をきっかけに解散。

す。ようやくサン・アドの社員になれたように思いました。

●一九七四年、ＡＤＣ賞初受賞

それで、ついに掲載です。掲載後一日、二日は時間さえあれば眺めていましたね。嬉しくて。全国紙に自分の手を動かしてデザインしたものが載るなんて、本当に信じられなかったんです。そしてなんと、この仕事が思わぬことにＡＤＣ賞*にまでなってしまいました。受賞は、選考会場にいた坂根さんからの電話で知りました。「ＡＤの佐藤くんと葛西くんと上條くんの三人がＡＤＣ賞をとることになったよ」って言われたんですね。嬉しかったんですけど、びっくりしたっていうことの方が大きかったです。

ところが、その連絡を聞いて佐藤さんが受賞を辞退したいと言うんです。「これはすべて葛西くんが考えてレイアウトしたものだから」と。僕を一本立ちさせようとする佐藤さんの配慮は今でも忘れません。そんな経緯があって、結局、僕と上條さんが受賞しました。

銀座の小さなビルで行われた授賞式の時は、賞状を貰うだけだというのにガクガク震えていました。脇を締めてひじを身体につけないと賞状がもらえないくらい（笑）。その時は嬉しさよりも不安の方が大きかったんです。これは、たまたまできてしまっただけで、実力以上だと思っていましたから。

この広告が掲載されたら反響があったのか、シリーズ化しようということになりました。それで、少し自分のデザインのリズムが出てきたんですね。その後数本の新聞広告が形になっていきました。この一連の仕事を『ブレーン』という雑誌がとりあげ、佐々木克彦と葛西薫というサン・アドの若手ががんばっていると書かれていて、大きな励みになったことをよく憶えています。

*ＡＤＣ賞
一九五二年東京アド・アートディレクターズクラブがニューヨークＡＤＣを模範に広告業界関係者によって結成される。六一年「東京アートディレクターズクラブ」に改称。広告関係者中心からより表現者中心の集団となって再出発。毎年、応募された作品を審査し、その年の最高と認められた作品に対し、ＡＤＣ賞が贈られる。五七年より年鑑を発行、その収録作品の質の高さと会員になる難易度において現在もっとも権威ある集団。

●地方紙の仕事

この頃、サン・アドでは制作者たちが手分けして、日本のあちこちの地方紙に、サントリーウイスキーの地方向け広告を作っていました。その中で僕は、京都新聞を担当することになりました。仲畑貴志*さんが指名してくれていたんでしょうね。仲畑さんは僕の一年前に入社していました。オレンジジュースの仕事なんかを見てくれたからなんです。もう腕白（笑）という感じでした。

「京都、味な出会い」というタイトルの、京都の料理人を紹介するというもので、仲畑さんは、老舗の名人相手に臆することなくチャッチャッと仕事をこなしてました。僕とはえらい違いだなあと思ったものです。その出張の時の写真をこの間久しぶりに見ましたが、二人ともほんと若かったですねえ（笑）。

当時、サン・アドのコピーライターたちは必ず品田正平*さんにコピーチェックを受けていました。あまりに厳しくて「品田チェック」と恐れられていたんです。当然、仲畑さんもその洗礼を受けた一人でしたが、今でも、先輩コピーライターたちは口々に懐かしく語っています。

その品田さんから、僕はデザインのチェックを受けたことがあります。やっぱり地方紙の仕事だったんですが、僕のレイアウトを見て「リーダビリティがなってない」と言われました。可読性が良くないということですね。タイポグラフィについてだけは頑張ってきたつもりなので、少しばかり抵抗してしまったんですが、今思うに、品田さんの指摘はその後の僕の大きな基本になりました。そんなことがあってから、むしろ品田さんから随分仕事をいただきました。あの山口瞳さんの新入社員や新成人に言葉を贈る「直言シリーズ」は、品田さんが発案したもので、デザインに僕を指名してくれました。僕は、こうしてコピーライターの人たちから、随分デザインのことを教わってきたんですね。

＊仲畑貴志（一九四七〜）
コピーライター、クリエイティブディレクター。京都生まれ。洛陽工業高校卒業。ナショナル宣伝研究所を経て、一九七二年サン・アド入社。八一年同社退社後、仲畑広告制作所設立。サントリー「みんな悩んで大きくなった。」、シャープ「目のつけどころが、シャープでしょ。」の他、ソニー、TOTO等話題の広告を作り続けている。

＊品田正平（一九三二〜二〇〇四）
北海道生まれ。一九五五年寿屋入社。六四年サン・アド設立にあわせ移籍。営業職でありながら、クリエイティブに対しても並々ならぬ情熱を注ぎ、コピーライターたちは「品田チェック」によって鍛えられた。サントリー「書きおろし酒の本棚」「山口瞳の直言シリーズ」などの広告を企画。九〇〜九七年社長を務める。

●操上和美に指摘されたこと

一九七七年の「サントリーポップ」というジュースの仕事で、カーペンターズを起用することになったんです。カーペンターズは、大谷デザイン研究所時代によく聴いていました。出す曲すべて名曲で、僕の心のスターでしたから、狂喜しました（笑）。撮影はロサンゼルスで、僕が海外に行ったのはその時が初めてなんです。最初は、佐藤さんが行くものだと思っていたら、「俺は行かない」って言うんです。僕にアートディレクターの訓練をさせようと思ったんでしょうね。

撮影は、ムービーもスチールも操上和美さん*。ムービーのディレクターだった先輩の亀井武彦さん*が操上さんを指名したんです。その時は、新商品ということもあってボトルがギリギリまでできていませんでした。僕は、そのボトルを運ぶ役割も担っていたんです。当時は、羽田空港からなんですけど、空港での手続きなど何もわからずドキドキしていました。それで、誰でもいいから日本人についていけばいいと思って日本人らしき人の後についてったら、中国人だったりして（笑）。

ロサンゼルスに近づき、上空から見た初めてのアメリカは、なんだか紙ヤスリみたいだなと思いました。ザラザラしていて、色がなくて。僕の初めての海外ロケは緊張の極致。朝食の頼み方もわからない（笑）。ですから、撮影の現場でカーペンターズに演技をつけるなんてとんでもなくて、操上さんには、「よろしくお願いします」としか言えないんですよ。

そうしたら操上さんが、「兄と妹をどう撮ったらいいかわからない」と言うんですね。恋人ならわかるけど、二人の距離はどうしたものかということだったんです。そこで、僕は生意気を言ってしまったんです。「大丈夫です。レイアウトでなんとかします」みたいなことを。写真のことが全然分かっていなくて、レイアウトだけが僕の拠り所だったんですね。

＊操上和美（一九三六〜）
写真家。北海道生まれ。東京綜合写真専門学校卒業。現在、ピラミッドフィルムおよびキャメル代表。広告写真界の草分け的存在で、西武百貨店、パルコ、ソニー等数多くの広告を手掛ける。近作ではユニクロ、ウィダーインゼリーTVCMほか、写真集に『CRUSH』『陽と骨』『NOTHERN』など。

＊亀井武彦（一九四〇〜）
映像作家、画家、墨筆家。東京生まれ。一九六四〜六六年、七〇〜七五年サン・アド勤務。サントリーオールド「旅人宿篇」、リザーブ「黒澤明篇」など多くのCMを企画、演出する。一方で、絵画や実験的映像、アニメーション作品を国内外で発表する。

それでも、何とか無事に終えることができて、打ち上げの場になった時、亀井さんが「クリさん、葛西くんはどう？　うちの期待の若手なんだけど」って聞くんです。そうしたら操上さんが一言、「フットワークが足りないね」って。まったくその通りでした。ああ、僕は操上さんとはもう一緒に仕事できないだろうなと思いましたね。そうやって意気消沈して帰ってきて、大反省しました。これからは意志を持とうと、そしてフットワークを大事にしようと（笑）。

カーペンターズの曲だけでなく、このロケの時に買って帰った、イーグルスの「ホテル・カリフォルニア」とＡＢＢＡのＬＰレコードを聴くと、今は懐かしくあの時のことが思い出されますね。

●仲畑チーム発足

そんな失敗を重ねながらも、佐藤チームで数年、段々仕事にも慣れてきました。ある時、サン・アドに、ソニーの仕事が入ってきました。元ソニーに在籍していたコピーライターの田中悠男さんが、ソニーの宣伝部に「仲畑という非常に優秀なコピーライターがいるから、ぜひ仲畑にソニーの仕事をさせてほしい」と頼んだわけです。その頃、既に仲畑さんは頭角を現していましたからね。

それで、新たに仲畑チームができることになったんです。仲畑さんが、坂根さんに「相棒として葛西を選びたい」と申し出てくれて、仲畑さんが部長で、僕は副部長ということになって、他に三、四人という体制でソニーの仕事がスタートしました。「サウンドセンサー」が仲畑さんとやったソニーの最初の仕事です。別名で「ソニーチーム」とも呼ばれていたんですが、サントリーの「ミニラフ持ち寄り」ももちろんありました。仲畑さんがまたやる気満々で、「俺達のチームでガンガン仕事を勝ち取るぞ」と言って、なんと正月に仲畑さんの自宅に集まってアイデア会議をするんです。正月の二日、三日にですよ。年始の挨拶もそこそこに、おせち料理をご馳走になったら、打ち合わせです。そうやって僕ら仲畑チームで作った案はどんどん通ったんですね。僕自身は、ソニーの仕事の方が多かったですけど、やがてサントリーの「樹氷」の仕事も並行してやることになりました。

一緒に仕事をするようになって、凄いと思ったのは、たいしたアイデアのないビジュアルでも、仲畑さんの言葉が入ると不思議と形になるんです。「コピーとアートの結婚」なんていう言葉がありましたけど、仲畑さんとの仕事では、それを強く感じました。

●北村道子との出会い

仲畑さんとの「樹氷」は、漫画の茜ちゃんシリーズが終わって、次の展開をどうしようかということになりました。「樹氷」は「MILD VODKA」だ。だったらウオツカの本場、北欧に行こう！　ということになったんです。単純ですよね（笑）。最初のロケ地はフィンランドのハメンリンナという所、二度目はノルウェーのフィヨルド、スタヴァンゲルという崖でした。演出は高橋忠和*さん、カメラは冨永民生*さんです。冨永さんはあの操上さんの弟子で僕と同い歳の新進気鋭。僕はそれまであまり社外の写真家と仕事をしたことはなかったんですね。一方、仲畑さんはいつも目が外に向いていました。社外の人たちとよく飲んだりしていて、今、誰が飛ばしているかをよく僕に話していました。

野狐のような顔をしたノルウェーのモデルを、アップショットで撮影した「氷ノ国ノ人」は、今でも大好きなポスターです。零下二〇度くらいだったか、風景は写ってなくても、表情を見るだけで、北欧のキーンと冷たい空気が伝わってきます。

そのスタイリストは、「樹氷」の二年前、「サントリーレモン」という飲料の仕事で、

＊高橋忠和（一九五一〜）
CMディレクター。京都市立芸術大学卒業。一九七七年サン・アド入社。八四年独立。サントリーギフトシリーズ「アイラブユー」、ホンダワンダーシビック、東芝DynaBookなどの広告を手掛ける。二〇〇六年映画『日本の自転車泥棒』を監督。

＊冨永民生（一九四九〜）
写真家。鹿児島県生まれ。東京綜合写真専門学校卒業。一九七七年フリー。サントリー、パイオニア、日本郵政公社、アサヒ十六茶などの広告・TVCMや雑誌『花椿』などでファッション写真を数多く手掛ける。

冨永さんが紹介してくれた北村道子さんでした。北村さんとの出会いは忘れられません。初めてサン・アドにやってきた北村さんは、何か喋ってはギャッハッハと大声で笑い、僕と同い歳にも拘らず、もう業界の大先輩というムードなんですね。仲畑さんは、打ち合わせが始まるとすぐに「じゃあ、葛西よろしく」と言っていなくなってしまって。僕は初対面の北村さんとしどろもどろで打ち合わせをしました。それから、何度か仕事をするうち、ことあるごとに僕のことを随分押し出してくれました。身だしなみのことなんかも全部チェックされました（笑）。「あなたは、今日からメガネを変えなさい」なんて言うんですね。「白山眼鏡店というところの社長に電話しておくから行きなさい」って。今の黒ブチメガネに変えたのはその時なんです。

不思議だったのは、会うたびに「水墨画を描きなさい。あなたはそういうことをするべき人なんだから」って北村さんが言うことでした。あの頃は会うたびに「水墨画描いてる？」って訊かれましたね。僕の返事はいつも「いや、描いてません」と（笑）。思えば、後年ギンザ・グラフィック・ギャラリーで発表した「ＡＥＲＯ」は、北村さんの言う水墨画ということだったのかも知れませんね。北村さんは小さくまとまりがちな僕に、いつも大きな勇気を与えてくれました。

*北村道子（一九四九〜）スタイリスト、衣装デザイナー。石川県生まれ。一九七五年からスタイリストとして活動を始める。サントリーウーロン茶、au、ギャツビー等のＴＶＣＭ、『幻の光』『東京日和』『双生児』等の映画、ＵＡ、宇多田ヒカルなどのＰＶ、雑誌などで幅広く活躍する。作品集に『Tribe』、写真集に『COCUE』がある。

●帰りのタクシーの中で考えた「H・AIR」（一九七九年）

ソニーのヘッドフォンの広告をすることになって、仲畑さんと僕とでオリエンテーションを受けました。その商品のネーミングは、帰りのタクシーの中ですぐに思いついたんです。髪の毛のように軽くて装着感が少ないというのがそのヘッドフォンの特徴。装着感が少ないということは、髪の毛のようなものだろうかという風に考えて、「H・AIR」という名はどうだろうかと。

すぐに仲畑さんに言うと、「それはいいね」と。ソニーからは、「一週間後ぐらいに」

と言われていましたので、一週間寝かせて、「考えに考えたネーミングがこれです」と提案しました（笑）。幸いそれが通ったんですが、我ながら珍しく大胆なアイデアが出たなと思いましたね。

コンビと言っても、ほとんど仲畑さん主導ですることが多かった中で、「H・AIR」は、自分のアイデアで形にすることができ、自分に弾みがついたような気がします。ヘッドフォンで聴くテレビの「P・AIR」、イヤーレシーバーの「N・U・D・E」「W・EAR」、そして岩崎俊一*さんとの「LIBERTY・CD」と続く一連のソニーの仕事は、根が理工系の僕としては楽しくすることができました。

その「N・U・D・E」の仕事の直前に、仲畑さんがサン・アドを辞め、独立しました。僕にとっては、大変な出来事でした。でも、後から考えると、僕が独り立ちする機会がやってきた、ということだったんだと思います。

●トーンの大切さを知る

サントリーに辰馬通夫さんという宣伝制作部長がいました。サントリーの何度目かの宣伝の黄金時代を築いた人です。当時、辰馬さんはサントリーの広告にいわゆる外の血をどんどん注いでいました。浅葉克己さん、細谷巖さん、戸田正寿*さん、井上嗣也*さんに原耕一*さん……。そこに高杉治朗*さん、秋山晶*さん、長沢岳夫*さん、眞木準*さんたちが加わって、続々とヒット作が生まれていました。ランボーとかペンギンとか夢街道とか……。

僕はどれもこれも眩しくて、ただ溜息をついているという感じでした。そんなわけで、サン・アドでのサントリーの仕事は激減してしまったんです。みんな凄いなあと感心しつつ、悔しくもありました。

僕のやっていた仕事はサントリーの中でも地味なお中元、お歳暮の広告でした。そ

＊岩崎俊一（一九四七〜）
クリエイティブディレクター、コピーライター。同志社大学文学部卒業後、大毎広告社、レマンなどを経て一九七九年岩崎俊一事務所を設立。TCC賞を始め、朝日広告賞、ACC賞など受賞多数。「綾鷹上煎茶」TVCMなど。

＊戸田正寿（一九四八〜）
アートディレクター。福井県生まれ。一九七〇年高島屋入社、宣伝部配属。その後、日本デザインセンターを経て、七六年戸田事務所設立。サントリーの缶ビールやウイスキー、伊勢丹の広告、雑誌『AERA』の表紙のADなどを手掛ける。

＊井上嗣也（一九四七〜）
アートディレクター。宮崎県生まれ。一九七八年渡邊かをるとビーンズ設立。パルコ、サントリー、コム・デ・ギャルソンの広告、YMOをはじめとするレコードジャケット、ポスター、書籍、写真集など幅広い分野で活躍する。

＊原耕一（一九四六〜）
アートディレクター。神奈川県生まれ。神奈川工業高校工芸図案科卒業。アサツー ディ・ケイを経て、一九八五年トラウト設立。セイコー、読売ジャイアンツの広告や、細野晴臣、井上陽水、サザンオールスターズのレコードジャケットの他、写真集・書籍のADを多数手掛ける。

＊高杉治朗（一九三四〜）
CMディレクター。東京都生まれ。東京藝術大学卒業。一九六三年日本天然色映画に入社。その後、七五年CMランドを設立。九一年退社、高杉治朗事務所設立。サントリーローヤル「ランボー篇ガウディー篇」や、明治製菓「おれゴリラ」、東レ、キヤノン、パルコなど数々のC

の仕事さえも外に流れようとしていたんですね。辰馬さんは、まずコピーライターの*魚住勉さんを抜擢しました。それで、「アイラブユー」というコピーが決まったんですけど、辰馬さんが魚住さんに、誰と組みたいかと聞いたら、魚住さんがサン・アドの葛西と組みたいと言ってくれまして、この仕事が続けられることになりました。魚住さんは、一時期サン・アドに在籍してましたから、僕のことをよく知っていたんです。それで、どんなビジュアルでいくか、魚住さんと打ち合わせを重ねるうちに、帽子をちょっとはずして会釈するという絵柄に行きついたんです。大正時代のモボとかモガのイメージで。その時に僕が撮影をお願いしたいと思ったのは*菅昌也さんでした。で、まずラフスケッチを描いて、辰馬さんに見せたんですね。ただ帽子を手で空に掲げているだけの絵です。辰馬さんはあまりに簡単なその絵を見て、「スタティックすぎないか」と言うんです。僕は、何の自信もないのに、「まったくそんなことはありません」と答えました。菅さんは、「この広告で大事なのは、帽子のデザインと手。でも、それ以上に大事なのは空気感だ。光とトーンだ」と言うんですね。お歳暮の広告だから、冬の光や年末の気配を捉えなきゃいけないと。

それで、ロケハンをして、男性の方は東京駅、女性の方は横浜港を背景に選びました。「午後三時くらい、快晴ではなく、かといって曇ってもいない天気でなきゃいけない」と菅さんが言うんですが、本番の日にそうなるかどうかは保証がないですよね。撮影日はどうなるかと思ったんですけど、幸いピタッとその条件になったんです。写ってるのは帽子と手だけですけど、服装はつま先までちゃんと調えてるんですよ。帽子とそのスタイリングは北村さんにお願いしました。

撮影はすごく楽しかったんですけど、その時点では、いい写真になるかどうか、実はわかりませんでした。構図は見えても、トーンがどうなるかはわからないですから。それが分かったのは、サン・アドの会議室で、三五ミリポジを大きく投影した時

Mを手掛け、日本のCM界を牽引した。明治製菓「おやつはカール」のCMソングの詞も氏による。

＊秋山晶（一九三六〜）
コピーライター、クリエイティブディレクター。東京生まれ。立教大学卒業。講談社宣伝部を経て、一九六四年ライトパブリシティ入社。現在代表取締役CEO。キユーピー、キヤノン、大塚製薬、サントリーなどの広告を数多く手掛け、サッポロビール「男は黙ってサッポロビール」、JR東日本「その先の日本へ。」などの名作を残している。

＊長沢岳夫（一九四三〜）
コピーライター。東京生まれ。慶應義塾大学卒業。デザイン・オフィス・ナーク、あっぷるはうすを経て、フリーに。パルコ「裸を見るな。裸になれ。」、サントリーローヤル「ランボー、あんな男ちょっといない」、オールド「夢街道。」などの広告を手掛ける。

＊眞木準（一九四八〜）
コピーライター。愛知県生まれ。慶應義塾大学卒業。博報堂を経て、一九八三年独立。全日空「でっかいどお。北海道」、伊勢丹「恋を何年、休んでいますか」、サントリー「和イスキー。膳」などの広告や『AERA』ネーミングなどを手掛ける。

＊魚住勉（一九四七〜）
コピーライター。熊本県生まれ。慶應義塾大学卒業。日本デザインセンター、サン・アドを経て独立。丸井「ひとりよりふたり」、サントリーギフトシリーズ「アイラブユー」など数々の名作を生み出す。「男と女のラブゲーム」や森進一「愛しい人よ」等の作詞も手掛ける。

でした。一枚目でもうびっくりしてしまって……。肉眼で見た時とは全然違う。冬の寒さもあるし、温かみもあるし、遥か遠くを想像させてくれる。この時に、「トーン」という言葉の意味がよくわかりました。質感とか空気感というものを初めて実感しました。

それに言葉と絵の関係。言葉が絵によって、絵が言葉によってそれ以上に膨らむ。この仕事を境に、これまで小さなテクニックにばかり頼ってきた自分のデザインが、あきらかに変わったと思います。そして、この時以来、今までなにげなく見ていた目の前のものが違って見えるようになってきました。この仕事は今考えても僕の大きな分岐点でした。

●藤井保との出会い

「サントリーローヤル」の「ウイスキーをありがとう」はその次の年に作ったものです。コピーは、同じサン・アドの安藤隆*さんです。この時期、ウイスキーがいまひとつ売れなくなってきていたんですね。それを何とか援護するというのが命題でした。それで、コピーは「ウイスキーをありがとう」になったんです。撮影は、藤井保*さんにお願いすることにしました。

この仕事の一年前、藤井さんと初めて会った時に見せてもらった写真が、とても印象に残っています。ランニングする人の顔のアップだったんですけど、すごく映像的でドラマチックなんです。三五ミリで増感していて、粒子がすごく粗くて。それからいくつかの仕事を一緒にやりました。藤井さんは、今まで会ったどの写真家よりも素朴でまじめだったんです。同い歳の藤井さんは、僕にとって自分をさらけ出しながら仕事ができる初めての写真家でした。

最初は、暖炉のそばに二つのグラスがあるというアイデアだったんです。それで、

*菅昌也（一九四四〜）写真家。新潟県生まれ。東京写真専門学校卒業。アートセンター、ジャパンパブリシティー、J・Kスタジオを経てフリーに。国鉄、パルコの古風な和服女性の広告で注目される。その後、国際羊毛事務局「触ってごらん、ウールだよ。」やサントリーギフトシリーズ「アイラブユー」等の広告を手掛けた。

*安藤隆（一九四五〜）クリエイティブディレクター、コピーライター。大阪府生まれ。三有社を経て、一九七三年サン・アド入社。ホンダシビックCVCCキャンペーン、サントリーウーロン茶、レゼルブ、カクテルバー、村田製作所などの広告を手掛ける。

*藤井保（一九四九〜）写真家。東京綜合写真専門学校卒業後、大阪宣伝研究所を経て、一九七六年藤井保写真事務所設立。JR東日本、JR九州、サントリー、三井物産マグライト、無印良品など多数の広告写真・TVCMを手掛ける。写真集に『ESUMI』『ニライカナイ』などがある。

サントリーオレンジジュース 1974年

お歳暮は、サントリー 1983年

I. W. ハーパー 1973年

ソニー H・AIR 1979年

サントリー樹氷 1980年

サントリーウイスキーの贈りもの 1989年

サントリーローヤルの贈りもの 1984年

サントリーモルツ 1985年

箱根のどこかの家にロケハンに行った時、たまたま藤井さんが二つのグラスをテラスの欄干にポンと置いてみたんですね。それで、ふと向こうを見ると湖があっていい感じなんです。ポラを撮ってみたら、こっちの方がずっといい。これまでの考えは捨てよう、これで行こうと思いました。

結局、芦ノ湖で撮ることになったんですけど、背景に山の稜線が写ることを計算して、撮影を始めたんですが、そのうち、ふわーっと霧が出てきて、視界が悪くなってきました。それでも、どんどん撮っていたら真っ暗になっちゃったんですね。それで、灯りをともしてピントを合わせ、長時間露光で撮ったんです。この写真でも菅さんの時とまったく同じ体験をしました。あの現場では見えなかったラストカットを壁に大きく投影して、初めて何が写っていたのかが分かりました。その時に感じたのは、具象じゃなくて抽象だということです。この二つのグラスだけで、男と男の会話とか関係とか、見る人が自由に想像できますよね。つまり、写真が僕たちのものだけではなくて、見る人のものになる。

藤井さんとはその後随分と苦楽を共にしました。忘れられないのは、初演出した日産「シーマ」のテレビコマーシャルの仕事です。数週間アイルランドロケを敢行して、それはそれは思い出深い日々だったんですが、結果的に放映が一回きりとなってしまいました。悲しかったですねえ。「仕事で落ち込んだことは、結局仕事でしか回復できないね」と藤井さんと話したことがあります。本当にそう思います。

●副田高行の存在

八〇年に副田高行*さんがサン・アドにやってきたことは、僕にとっては大きな出来事でした。彼は、突然やって来たかと思うと、サントリー「ナマ樽」とか、新潮文庫とか、目の前で着々と副田流のデザインを打ち出して、どんどんADC賞を取って、

*副田高行（一九五〇〜）
アートディレクター。福岡県生まれ。東京都立工芸高校卒業。スタンダード通信社、サン・アド、仲畑広告制作所を経て、一九九五年副田デザイン制作所設立。サントリーの樹氷やウイスキーKONISHIKIキャンペーン、トヨタ自動車エコ・プロジェクト、シャープアクオスなどの広告を手掛ける。

そしてＡＤＣの会員になってしまいました。たった五年の間に、続々とヒット作を連発して、サン・アドを去っていったわけです。僕はそんな刺激的な存在に直面し、僕自身の中から出てくるものに従わねば、と思いました。あの頃、副田さんが近くにいてくれたお陰で、僕のデザインが形をなしてきたように思います。

　今でこそ、副田さんといろいろ話すようになりましたけど、当時は、お互いに忙しさのピークにあって、近くにいたのに、ゆっくり話した記憶がほんとないんですよ。

●一九八六年、ＡＤＣ最高賞受賞

「モルツ」の時は、一倉宏*さんと僕がサントリーに呼ばれて、「『モルツ』という名の新商品ができて……」と説明を受けました。当時は、サントリーの中でも、麦芽一〇〇%というちょっと高級なビールという位置づけでしたが、何か外国のビールのようないいデザインの缶でした。ただ、時間がなくて、十日後くらいに新聞広告を出すので、なんとか間に合わせて作ってほしいというオーダーでした。一倉さんは、いつも平然としてる人で、さらりと「はい、やりましょう」なんて言ってました。手作りのビールだということでしたから、手作りのような広告がいいということになり、それで、一倉さんが山の上ホテルのメニューが全部書き文字だということを思い出して、「書き文字でやるのはどうだろう」と言う。「時間もないし、いいか」と（笑）。

　じゃあ、どんな書き文字がいいかとなった時に、思い出したのがサン・アドの大先輩の酒井睦雄*さんの字でした。あの歴史的なアンクルトリスのＣＭを作った、ＣＭディレクターなんですけど、文字にもすごく興味をもっていて、よく僕に話しかけてくれて、文字談議などをしたりしました。また、ちょっとした手紙とかメモをもらうことがよくあって、その字がすごくいい字なんですね。

　それで、酒井さんに書いてもらうために見本を作りました。僕が酒井さんの真似を

＊一倉宏（一九五五〜）
コピーライター。群馬県生まれ。筑波大学卒業。一九七八年サントリー入社。トリス新聞広告、モルツ新発売キャンペーンなどのコピーを担当。その後、仲畑広告制作所を経て、九〇年独立。ナショナル「きれいなお姉さんは、好きですか。」、サントリーモルツ「うまいんだな、これがっ」、ＡＮＡ「高速中国ＡＮＡ」や、ＮＴＴデータ通信科学者シリーズ等がある。

＊酒井睦雄（一九三一〜）
ＣＭプランナー。神戸生まれ。一九五五年寿屋入社。酒販店向けＰＲ誌『発展』を手掛ける。開高健、柳原良平、山口瞳らとアンクルトリスシリーズのＴＶＣＭの制作に携わる。六四年サン・アド設立に参加。その後も次々とＣＭのヒット作を企画、演出、プロデュースする。

しながら、字を書いたんです。それでお願いに行ったら、「今から二、三時間で書くから、ちょっと外でお茶でも飲んでもらって、後で」と。近くで時間をつぶして、そろそろいいかなと思って戻ったら、酒井さんが胡坐をかいて考え込んでいるんですね。僕が書いた原寸大の見本と酒井さんが書いたものとを見比べているわけです。それで、「これは君が書いた字の方がいい」って言うんですね。思わぬことになってしまったんですが、尊敬する酒井さんの言うことですから「そうします」と。それで、僕の字でそのままゲラにして、そのまま本番の広告になってしまったということなんです。

一倉さんの文章がいいんです。その一言、一言を味わいながら書いていくと、いい気持ちになってくるんですね。先に写真をレイアウトして、空いてるところに書いていくので、字が斜めになっています。

実際に新聞に載ったものを見て、驚いてしまいました。本当にそこに書いたんじゃないかっていう感じに見えましたから。モンブランの万年筆で書いたんですけど、文字の色もきっちりモンブランのインクの色にしたんです。我ながら、これはいいぞと思いました。ゲラの時は不思議な広告だなぐらいに思っていたんですが（笑）。そして、こんな感じの作り方が自分に合っているのかなあ、と思ったりしました。作っていて苦しいことが一つもなかったんですね。その上、この広告でＡＤＣ最高賞をいただくことになった時は、びっくりしましたね。翌年、ＡＤＣ会員に推挙され、*佐藤晃一さんと*奥村靫正さんと三人で新会員となりました。

●発想の元にある北海道の時間

ＡＤＣ最高賞を受賞した時、僕は三十六歳でした。東京に出てきてから十八年、ちょうど、北海道で過ごした時間と東京に出てきてからの時間が同じになったわけです。それまでは、デザイナーという仕事において、後半の十八年間の方が大切な時間

＊佐藤晃一（一九四四〜）
グラフィックデザイナー、多摩美術大学教授。群馬県生まれ。東京藝術大学卒業。資生堂宣伝部を経て、一九七一年に独立。日本的な感覚と未来的なイメージを融合させた独自の表現で注目される。東京ＡＤＣ最高賞、ワルシャワポスタービエンナーレ、毎日デザイン賞等、受賞歴多数。作品は、ニューヨーク近代美術館、国立図書館等に収蔵されている。

＊奥村靫正（一九四七〜）
アートディレクター。愛知県生まれ。桑沢デザイン研究所修了。一九七〇年以降、数々の日本のロックミュージシャンのジャケットデザインに携わる。ＹＭＯのアルバム、ポスター、映像、ステージ、ＣＭなどのアートディレクションで注目される。

だと思い込んでいたんですね。でも考えてみると、自分の発想の元になっているものは、ほぼすべて前半の十八年間の中にあったということに気づいたんです。

僕は、デザインというものは都会的で、形で言えば直線的でなければならないと思っていましたし、そういうものに憧れてもいました。ですから、北海道の田舎の泥臭いところは避けようと、どこかで思っていたところがあるんですけど、仕事を続けるうちに、そんな必要はないんだとはっきり思うようになりました。何か今まで作ろうとしていたものは、自分に無理をしていたように思えてきました。

と言って、自分の世界が見えてきたというわけでもなく、相変わらず誰かに助けられて、新しいことを発見して覚えて、ということの連続だったと思います。

●飛ぶ夢

「夏の愛。サントリーウイスキーの贈りもの」は、中学生時代、昼間、畳の上でゴロゴロしているうちに眠ってしまって、その時に見た夢が元になっているんです。笑っちゃうんですよね。その夢はなぜか、座布団を二つ折りにしてまたがって、ぎゅっと挟むと身体が浮くんですね。家の中でなんですけどね。緩めるとすーっと降りていく（笑）。これは凄いと思った瞬間に目が覚めました。しばらくは、現実にいるのか夢の中にいるのかわからないくらいリアルだったんです。「今のをもう一回やってみよう」と思って、座布団にまたがってみたんだけれど、全然動かない。それで、飛んでいたのは夢だとわかったんです（笑）。

その時、空を飛ぶ気持ちの良さを実感したような気がしたんですね。それで、単純な発想なんですけど、贈り物って何かというと、「できれば、あの人のところに飛んで行きたい」ということだと。その「飛んで行きたい」という思いを絵にしようと思ったんです。その絵は、何か押し入れの奥から見つけ出したような、作者不詳の写真みたいなものがいいと思いました。距離的にも時間的にも、遠くに思いを馳せるというようなイメージが欲しかったからです。カメラは半田也寸志*さんです。僕の思いに応えようと半田さんは恩師を訪ねてあの渋い画質の出し方を教わったそうです。この時の高橋靖子*さんのスタイリングが、蝉取り少年みたいでよかったんです。同時に作った、高橋忠和さん演出のテレビコマーシャルで、スリーグレーセスが歌った「思い出してウクレレ」ともピッタリでした。考えてみるとその後の僕の仕事には「飛ぶ」ものが多いですね（笑）。どうしてなんでしょうね。

●明朝体が好き

僕の作ったものには、明朝体を使っているものが多いですね。小学五年生の時だったか、『雑稲』という文集のタイトルを、明朝のまねごとをして、レタリングしたことがあります。子どもの頃から明朝体が好きだったんですよね。新聞の見出しでも明朝体の方が何かが迫ってくる感じがあって、よく長い間見ていたりしました。明朝体というのは一文字でもデザインの宝庫なんです。明朝体の曲線には、理由がある。重心とか、バランスとか、抑揚とか。だから美しいんですね。極端かもしれませんけど、言葉というのは明朝体でないと伝わらないいんじゃないかなというような気さえします。

仲條正義*さんの事務所へ遊びに行った時のことですが、電話がかかってきて、仲條さんがデザインのことで誰かとやりあっているんですよ。どうやら書体の話らしく、「明朝体は紙に食い込むもので、ゴシック体は紙の上に浮くものなんだ」ということを仲條さんが言っているんですね。実に的確に書体の違いを表しているなと思いました。何か謎が解けたように感じました。いい悪いじゃなくて、そういう違いがありますね。

仲條さんで思い出しましたが、仲條さんは形もそうですが色使いが凄いですね。ど

＊半田也寸志（一九五五〜）
写真家。京都府生まれ。日本大学芸術学部卒業。在学中にファッション雑誌でデビュー。以後、数多くのＣＭ、広告写真を手掛ける。一九八六年サントリーウィンターギフトでカンヌ映画祭ＣＭ部門受賞。近作は、カロリーメイト「ジャック・バウアー上陸篇」等がある。

＊高橋靖子（一九四一〜）
スタイリスト。茨城県生まれ。早稲田大学卒業。広告制作会社を経て、一九六〇年代半ばからフリーランスのスタイリストに。七一年ロンドンで山本寛斎のファッションショーを成功させ、その後デヴィッド・ボウイの衣装を担当。日本のスタイリストの草分け的存在。〇六年自伝風エッセイ『表参道のヤッコさん』出版。

＊仲條正義（一九三三〜）
アートディレクター。東京生まれ。東京藝術大学卒業。同年資生堂入社、宣伝部配属。その後DESKAを経て、一九六二年独立。銀座松屋のＣＩ、資生堂タクティクス・デザイン、ザ・ギンザのアートディレクション、および店舗設計、資生堂『花椿』のエディトリアルデザインなどを手掛ける。葛西薫がＡＤを務めたセゾン生命の広告では、イラストレーションを担当。

うしてあんなに自在に色を操ることができるんだろうと思います。僕は色についてはまったく駄目でした。レイアウトはできたものの色指定で悩んで、徹夜してしまったことがあるくらい苦手だったんです。四十歳を過ぎてからですかね、色から発想できるようになったのは。白黒の文字ばかり見ていたせいなのかなあと、都合のいい言い訳を考えたりします。

「サントリーウーロン茶」との二十五年間

●一九八三年、「サントリーウーロン茶」始まる

ウーロン茶の仕事は、サントリーから依頼があったわけではありません。コピーライターの安藤隆さんから、「自主プレゼンテーションを一緒にやろう」と持ちかけられて作ったものがきっかけになって、仕事がスタートしたんです。実際は一九八一年から、自動販売機で売られていたんですけど、広告はしていなかったんです。五年前に出版された『SUN-AD at Work』に、安藤さんがそのいきさつを書いているんですが、なんと、最初に声をかけたデザイナーは副田さんだったそうです。でも、副田さんはとても忙しくてそれどころじゃなかったらしく、暇だった僕に話を持ってきた、ということなんです（笑）。

ちょうどその時、いつか頼みたいと思っていたイラストレーターがいて、香港のフィリップ・コウという人なんですけどね、凄くポップなんですよ。その彼の人物画にウーロン茶を持たせて、新聞一頁に仕立てたんです。「なんか中国ス」というコピーをつけて。それを宣伝部長の辰馬さんに見せたら、「おもしろい、すぐに作ってくだ

さい」となりました。で、いよいよ明日、打ち合わせのために香港に出発となったところに、サントリーから待ったの連絡が入ったんですね。どうもウーロン茶の売れ筋は、若者じゃなくて中年らしい、というリサーチ結果が出たそうなんです。しかも、太った人によく売れてるとか。脂肪分を分解するという効能が利いてるそうで。そこで、急遽イラストレーションをガラッと変更して、中年を対象に、中国の大人《たいじん》でいくことにしました。つまり賢人ですね。僕たちは「ウーロン茶おじさん」と呼んでいたんですけど（笑）。

　絵は、横山明*さんにお願いしました。横山さんには、ソニーのトランシーバーの仕事で一度お願いしたことがあって、その細密な描写にすごく感動したんですね。それで、すぐに横山さんが頭に浮かびました。そして見事な絵ができあがってきたんです。よく見ると、大人の衣装の片方の襟が烏で、片方の襟が龍なんですよ。その辺は遊びですね。耳にピアスをさせているのもそうです。副田さんが、会社の作品掲示板に貼ってあったこの新聞広告のゲラを見て、「うまいなあ」って言ってくれました。副田さん好みだったんでしょうね。初めて、彼に感心されました（笑）。

●初めての中国

　イラストシリーズは、それから四、五年続きました。そしてアニメーションのコマーシャルにもなりました。ウーロン茶の広告は、元々安藤さんと僕とで、思いっきり奇天烈《きてれつ》なものを作ろうと思っていました。毎回毎回、安藤語全開で、アノ手コノ手を楽しんで作っていたんです。まさかこんなに長く続くなんて思ってもいませんでしたから。ところが、表現がいつも漫画的だったせいか、サントリーの消費者相談室に、「本当に中国からのものなのか」というような問い合わせがどんどん来るようになったんです。そうなるとこれは、ちゃんとサントリーウーロン茶の製造工程を見せ

＊横山明（一九三八〜）イラストレーター。岡山市生まれ、慶應義塾大学卒業、アートセンター・カレッジ・オブ・デザイン中退。日宣美奨励賞・特選、ラハチ国際ポスタービエンナーレ展第一位、「ヒロシマアピールズ」（AD亀倉雄策）のポスターでADC賞受賞。作品は、川崎市民ミュージアム、ニューヨーク近代美術館などに収蔵されている。

なきゃいけないということになって、イラストシリーズから実写へと変えることになりました。

ウーロン茶の広告を作り始めて五年、ついに僕たちは中国へ行くことになりました。一九八七年でしたから今年でちょうど二十年にもなるんですね。福建省の武夷山というところが初めてのロケ地です。羽田から大阪経由で上海、上海から飛行機で福州、福州から鉄道で南平というところまで四時間、そこからバスでまた四時間、ようやく着いたところが後に世界遺産になる武夷山でした。九曲渓というくねくねと曲がった川沿いに茶畑があって、そこで茶摘みの娘を撮影しました。演出はサン・アドの富沢道久くん、カメラは半田也寸志さん、スタイリストは北村さんです。

撮影が終わると毎日宴会です。一種の国交なんですね。向こうでは、乾杯をする時はグラスを飲み干さなきゃいけないんです。僕はその頃、胃が悪かったから、勘弁してもらっていたんですけど、安藤さんをはじめ、みんなどんどん飲まされてひっくり返ってしまって（笑）。その次の日は、答礼宴といって、歓迎してくれたお返しをする宴席があるわけです。その上、食べものは蛇とか蛙とかアヒルの掌とか……。もう、毎晩みんなヘロヘロになってました（笑）。

でも、そんなことは小さなことで、何よりも大変な数の人々の営みを目の当たりにして、まさに「大地」というものに感動してばかりでした。それと、その後のロケでもそうだったんですが、町でも田舎でも、乗り物でも、必ず僕の子ども時代の長和とか、室蘭の港とか工場の風景とオーバーラップして、嬉しくなっちゃうんですよね。この埃、この風、いいじゃないかという思いでした。数えてみると中国のあちこちにもう数十回行きましたけど、まったく飽きないです。とりわけ都会を離れるほど楽しいです。

●分岐点となった歌シリーズ

中国ロケがスタートしてから五年、それまでに安渓の茶工場に行ったり、桂林をバックにバドミントンをする女性を撮ったり、上海舞踊学校を題材にしたりと、毎年、先の見えないままにその都度、精一杯作り続けました。

そのうちウーロン茶の市場が形をなしてきて、競合他社の製品も出てきました。ウーロン茶はいつの間にかサントリーのメジャー商品になってきたんです。それで、はじめのうちはそれほど制約もないままに作っていたんですが、次第にサントリーからの注文も増えてきました。こうしてウーロン茶の歴史を振り返ってみると、一九九二年の「いつでも夢を」が大きな分岐点だったなと思います。サントリーにとっても僕にとってもですね。

この年に求められたのはともかく目立つこと、そしてコマーシャル自体がヒットすることでした。この頃は、演出がサン・アド前田良輔*くん、カメラは上田義彦*さんで、作るものはみな完成度が高かったと思うんですが、コマーシャルが完成するたびに、「寂しい」とか「暗い」とか言われてばかりでした。ですので、くれぐれも今度ばかりはその点に留意してほしいと、きつく言われましてね（笑）。そんな背景の中で提案したのが「いつでも夢を」でした。

●一九九二年、「いつでも夢を」でCMがヒット

人物設定は農夫です。ですから、最初はフォスターの曲がいいなと思ったんです。「ビューティフル・ドリーマー」か「金髪のジェニー」。夫婦二人で朗々と中国語で歌うのがいいんじゃないかなと思って、実際にその曲を聴かせながらプレゼンテーションしたら、また「寂しい」という反応で（笑）。でも、歌を歌わせるというアイデアは悪くないと思っていましたから、歌を変えることにしました。夫婦ということはデュ

*前田良輔（一九五八〜）
フィルムディレクター。愛知県生まれ。早稲田大学卒業。テレコム・ジャパン、サン・アドを経て、一九九一年よりフリー。TVCMにサントリーウーロン茶や永瀬正敏を起用したサントリーカクテルバー、JR東日本「その先の日本へ。」等がある。

*上田義彦（一九五七〜）
フォトグラファー。兵庫県生まれ。大阪写真専門学校卒業。福田匡伸氏、有田泰而氏に師事。一九八二年独立。サントリーのウーロン茶、伊右衛門、無印良品、資生堂の広告やファッションなど幅広い分野で活躍。写真集に『Into the Silent Land』『at Home』などがある。

エットだからデュエットソングがいいな、ならば橋幸夫と吉永小百合の「いつでも夢を」だと。それが、「いいじゃないか」ということになって、サントリーも乗ってきたんです。

とにかく目立つものを、というのが大命題でしたから、そのことは北村さんにも伝えておいたんです。それで、撮影当日になって驚いたんですけど、北村さんが用意してたのは山岳民族風の真っ赤な服だったんです。まあ、ここまで来たら行くところまで行こうと思いました。夫婦役はバレーボールの選手とファッションモデルなんですけどね、二人の背が約二メートルと一八〇センチなんですよ。上田さんがなぜか背が高い方がいいって（笑）。しかし、この二人が衣装を着て桂林の山並みの前に立ったらなかなか悪くないんですね。さすが北村さん、と思いました。

そして、いよいよ本番がスタートしたんですが、歌い始めたら、僕はなんだか急に恥ずかしくなって、もう倒れそうになりました（笑）。でも、そばで北村さんは「いいじゃない！」って言ってる。あまりにも独特で、音程も外れてる。なのに音楽プロデューサーの渡辺秀文さんと音声の島袋保光さんは「いいよいいよ、大丈夫」と動じてないんです。後で聞くと「どうしようかと思った」と言ってましたけどね（笑）、さすがプロですよねえ。随分助けられました。ウーロン茶のロケは本当に一致団結しないとできませんでしたね。

こうして苦労してできあがったものをサントリーで試写したら、最悪の反応でした。会議室がシーンとして。モデルが良くない、歌が駄目、グラスが曲がってる……と。僕らはまた罪を犯してしまったような（笑）。といって、オンエアしないわけにもいかず、ともかく即刻やり直してそれができるまでは、とりあえずこれを流そうということになったんですね。

そこで、新たにバレエをやっている二人を選んで、北京郊外の大きな湖で次の撮影をしました。この撮影の時も大変だったんですが、すごくいいものが撮れ、これで取り返しがつくぞと思ったところに、今流れているコマーシャルが話題になっている。しかも、中国語の「いつでも夢を」が流行り出したという知らせが入ったんです。それで、撮り直したコマーシャルに差し替えたら、「前のあの男の子はどこに行ったんだ」って苦情が入ったらしいです。ともかくも僕らは、溜飲を下げたわけです（笑）。こうしてウーロン茶のコマーシャルにとって、歌が大きな要素になりました。

このコマーシャルができてから、ウーロン茶のスタイルができてきました。次の年から吉田拓郎の「結婚しようよ」、キャンディーズの「春一番」や「微笑みがえし」、それから「鉄腕アトム」とか「ライク・ア・ヴァージン」とか、僕の思い出深い曲ばかりです。子どもの頃、歌謡曲漬けだった僕はここぞとばかり選曲案を出しました。何が幸いするかわかりませんね。それと、音楽のアレンジがいつも素晴らしいんですね。中川俊郎さんのメロディはほんとジーンときます。デザイナーの仕事をしていながら、こんなに音楽の世界に浸ることができて、ほんと幸せだなと思います。

●長く続けていく秘訣

「ああ、今年でウーロン茶の仕事も終わりかな。もう、中国に来ることもないかな」っていつも思うんです。次の年もまたできるとなった時の嬉しさはひとしおですね。中国にいるたくさんの仲間に会えるのもとても嬉しいことです。再会するたびに抱き合って、「また会えたね」って喜び合うんです。中国のプロデューサーの李釗さんはじめ、現地のスタッフはほんと頼りになります。もちろん、日本の長年仕事を共にしているスタッフたちも。ウーロン茶のコマーシャルは、もうみんなのものになっているように思います。僕が「この辺でいいんじゃない」って、口には出さなくてもそういう雰囲気を見せると、周りが許してくれない（笑）。みんな本当によく頑張ります。いつの間にかできてしまったウーロン茶の世界をみんなが認識してるんです。ですから、そのレベルに達するまでは、妥協できないんですよね。

その時その時、無理をしないで場に従っていることが二十五年間続いている秘訣なのかも知れません。人は必ず何かを持っていますから、それを発見すれば、自然に映像やストーリーになっていく。毎回、うんうんうなってアイデアをひねり出すとなると、これは苦しいです。そうじゃなくて、自分が見たいものを見る、というような気持ちでやればいいと思っています。ですから、ラフスケッチがあっても、必ずその通りにしなければいけないというわけではありません。それよりも、その場で感じたものの方が大切ですね。

大事なことは、中国で撮影してるっていうことなんです。時々、撮影中に目の前の出来事は現実なんだろうか、と思うことがあります。人にしても、風景にしても、そのくらい心を洗われることが、いつも待ってくれているんですね。撮影が終わったら日本に帰ってくる。そうすると、手にはフィルムが残ったけれど、みんな夢の中の出来事だったような気もするんです。

上田さんとは、出会ってからもう二十年以上にもなります。いろいろな仕事であちこちに行きましたが、一番多いのは年四、五回行く中国です。思えばその先々でさまざまなピンチを凌いできました。いつも思うんですが、上田さんは被写体に対する嗅覚がほんと凄いですね。モデルにしても撮影場所にしても。まったく知らない土地で上田さんが踏み入った細い道の先に「桃源郷」があったという経験が何度もあります。そしてそこで一緒に扉を開けていいものをたくさん見てきたように思います。

広がる世界

●ホーキング博士の撮影

電通に科学大好き少年という感じのクリエイティブディレクター、若梅哲也さんがいます。彼は世界のノーベル賞学者とか著名な科学者を題材に、NTTデータ通信の企業広告を作ろうと発想したんですね。一九九〇年にそのシリーズが始まりました。撮影は、ムービーもスチールも操上さん、コピーは一倉さんと決まっていました。僕にグラフィックの依頼が来たのは、第一回目の撮影が済んだ後でした。

そのシリーズで、ホーキング博士を撮影することになってイギリスに行きました。実際に会った博士は、身体に管が通されていて、車椅子の中で全く動くことができず、看護婦がつきっきりでした。会話は、唯一わずかに動かすことが出来る指先から、モニター上に出された言葉で行います。

そんな博士を前に、僕だけじゃなくて、スタッフもおろおろしてしまって、その様子を見た操上さんがすかさず「何を遠慮してるんだ」と一喝しました。もう仕事は始まってるんだから、余計な気遣いはせずにいつものようにやろうと。多分、操上さんは自分にも言い聞かせていたんだと思います。それでも少し撮っては、「博士、大丈夫ですか」と尋ねました。みんな固唾を飲んで返事を待ってると、モニター上に「Anytime, I'm ok」と答えてくれたりして、僕らはホッとして次に進みました。

大変な撮影でしたけど、無事終了したら、博士が何か指で伝えようとしていて、見てみると、「食事に行かんかね」と(笑)。それくらい博士は喜んでいたんですね。撮影がオフの日、たまたま街で電動椅子に乗った博士に出会いました。それが凄いスピードなんです。その様子を見ていて、彼の頭の中ももの凄いスピードで走ってるんだろうなと思いました。超人だと思いましたね。

●操上和美に認められる

操上さんによる博士たちのポートレートは、広告写真というより、なにか初めて見る重要な歴史の記録を見たような凄い写真でした。で、ここに写っている博士の理論がわかったら、もっと写真が味わえる、と思ったんですね。それで一倉さんに、「ぜひ長いボディコピーを」とお願いしたんです。その上がってきた文章が実にロマンチックでした。例えば失恋の話から始まり、その悲しみを「脳の中の現象」と言ったり、涙のことを「目から水の分子がこぼれた」とか。そこでこの文章を生かそうと、思い切ってポスターの半分を文字で埋めました。

その校正刷りが出た時のことです。サン・アドと操上さんの事務所に届いたんですね。同時に向こうとこっちで見ているわけです。そうしたら、操上さんから電話が来て、第一声、「葛西くん、いいねぇ」って言うんです。「これはデザインというものの力を感じる」というようなことを言われました。もう、それはすごく嬉しくて。前に話したカーペンターズの件があったでしょ(笑)。その操上さんが認めてくれたんですから最高です。あの時、操上さんに忠告されたことはショックだったんですけど、お陰で、この瞬間まで頑張って来られたということもあります。もしかしたら、フットワークが少し良くなったのかもしれないなと思いました。

●一九九二年、初めての個展「AERO」

その後、NTTデータ通信の特別番組で『宇宙からの贈りもの―航海者〈ボイジャー〉たち』というのがあって、新聞に番組広告を出すことになりました。その時は、NTTデータの宇宙的、物理的な感じをイメージしてビジュアルを考えました。

何度も手を動かすうちに浮かんできたのは、プロペラのような形で、それを手で描いてみたんです。

ちょうどそんな仕事をしている時に、ギンザ・グラフィック・ギャラリーから個展の誘いがありました。今までの広告を並べる方法もあるとは思ったんですけど、折角の個展だからオリジナルなものをやってみたいと思いました。ところで自分のオリジナルって何だろう？　と思いながら白い紙の上でペンを動かすと、どうしても抽象的な図形になってしまう。さらに手を動かすと、そのうちに、やっぱりプロペラの輪郭線に行きついてしまいます。だったら、ここから出発しようと色々と描き始めたら、夢中になってきたんですね。そうしてまとめたのが初めての個展「ＡＥＲＯ」です。操上さんには、「葛西さん、あれはＮＴＴデータの仕事がきっかけなんじゃないかな」みたいなことを言われました（笑）。

その頃、手帳によく絵を描いていたんですね。ウーロン茶でロケに行ったときなどの道すがら、退屈だから手帳にその日のできごとを書いたり、絵を描いたりしました。例えば、寄ったガソリンスタンドに置いてあるバケツなんかが、見たことのない形をしてるんです。そういうのを描いてみたり、トイレのレバーの仕組みがおもしろいなと思って写生してみたり。元々機械好きだということもあって、「ＡＥＲＯ」につながってるんですね。この辺りから、広告以外のことに手が動き始めるようになりました。

●図形に感じるもの

僕は、絵を描くと言っても、筆に絵の具をつけて描くのではなく、定規で線を引いて、コンパスで円を描いて、曲線定規で繋ぐというようなことに快感を覚えるんですね。イラストレーションというより、図形という方が僕の感覚にはしっくりきます。

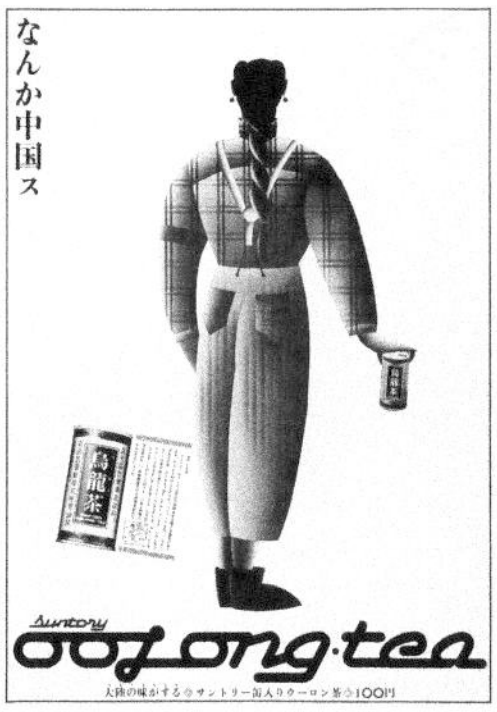

サントリーウーロン茶
広告試作 1983年

サントリーウーロン茶
広告第一弾 1983年

サントリーウーロン茶 1987年

サントリーウーロン茶 1991年

サントリーウーロン茶 1992年

サントリーウーロン茶 1993年

サントリーウーロン茶 1994年

NTTデータ通信 科学者シリーズ 1990年

その図形には、触覚とか視覚という、言葉では表せないものを表現するおもしろさがあるんですね。

しかし、表現が自由ということほど苦しいことはないですね。それで自分にルールを作ってやるんです。例えば、これは烏口一本しか使わないぞとか、コンパスと雲型定規だけで図形を作るにはどうしたらいいかとか。なるべく狭いところに自分を押しやって、そこから表現を発見する、という風にしないと絵が描けないんです。

「AERO」の時は、ちょうどウーロン茶の「いつでも夢を」のロケの時に重なっていて、昼はウーロン茶の撮影で、夜ホテルに帰ってくると、部屋で図形を描きまくるという毎日でした。大変だったんですけど、そうしないと間に合わなくて。

いよいよ、形が見えてくると、とても不安になってしまいました。こんな無意味なものを発表して何になるのかと思うと、眠れなくなっちゃったんです。ある夜、どうにもこうにもならなくて、何とか不安を押しのけようと、夜中の三時頃に急に腕立て伏せや腹筋をしたりして（笑）。そうやってなんとかその夜をやり過ごして、朝になったら、吹っ切れました。「もう、ここまでやってきたんだから、誰がなんと言おうと、僕は僕だ！」と思ったんですね。それからは一気にオープニングまで突っ走りました。佐藤晃一さんが会場で「見たことないものを見た」って言ってくれた時は嬉しかったですね。

しばらく経ってのことですが、『MoDERN』という本を企画編集した、アンドーギャラリーの安東孝一*さんから、その本に僕の作品を載せたいという話があり、ついては「AERO」を中心に広告以外のものだけにしてほしいと言うんですね。ここに広告以外の僕を見てくれてる人がいるんだと思いました。その後、安東さんと都立つばさ総合高校の壁面グラフィックをはじめ、いくつか空間の仕事をさせてもらいました。

＊安東孝一（一九五四〜）プロデューサー。宮城県生まれ。一九八四年アンドーギャラリーを設立し、アート・建築・デザインのプロデュースをスタート。『MoDERN』『NEW BLOOD』『Graphic』『インタビュー』等のアートブックを手掛ける。

●装丁

九〇年を境に装丁の仕事が増えてきました。長年やってきた広告の仕事のおかげで、様々な人たちに会うことができました。内田春菊さんの『彼が泣いた夜』は秋山道男*さんのおかげです。大橋歩*さんのおかげで『村上ラヂオ』の村上春樹さんにも会えました。後藤繁雄*さんからある日紹介された、出版社のリトルモアのおかげで、藤井保写真集『ESUMI』ができ、ジャンルイジ・トッカフォンドの『PINOCCHIO』『小さなロシア』がカタチになりました。

装丁をするようになって良かったのは、文学に親しむことができるということです。当然、その本を読むことになりますから。とても幸せなことですね。例えば、金原ひとみさんの『蛇にピアス』を読むと、痛々しくて、若者のやりきれない感じが強烈に伝わってきました。

そして読みながら、東京に出て来た時のことを思い出したりもしました。気分はまったくアングラで、やりきれないこともたくさんあるけど、目の前には都会の華やかなものもある。そんな気分の絵を描きたいなと思ったんです。珍しく肉筆で描きました。本当は肉筆は恐いんですけどね。生の自分が出てしまうから。それで何十枚も描きます。そうすると、ある時、それ以上描いても同じ絵になるという瞬間がやってきます。大体、最初の一、二枚目か、最後の絵がいいですね。『蛇にピアス』の絵は、最後の一枚です。その勢いで、文字も全部手書きにしました。そのデザインは、金原さんも編集者もすごく喜んでくれて、校正刷りまで進んだんですが、翌日になって出版社の上司からＮＧが出ましてね。「店頭で目立たないから駄目だ」と。急遽、タイトルを活字組みにしたり、色もガラッと変えたりして、入稿し直しました。それが、店頭に並んだものを見たら、「あ、これもいいかもしれない」と思いました。それから一ヶ月経って、なんとこの作品が芥川賞に選ばれたと、編集者から連絡が入ったんで

*秋山道男（一九四八〜）
プロデューサー、クリエイティブディレクター。千葉県生まれ。無印良品、六本木ヒルズ、映画『夢二』『鉄拳』等のプロデュースに関わる。また、『ファザーファッカー』では自らも出演し、最近では俳優や声優としても活躍する。

*大橋歩（一九四〇〜）
イラストレーター。三重県生まれ。多摩美術大学卒業。一九六四年に創刊された日本初の若者雑誌『平凡パンチ』の表紙絵を七一年まで担当。タレント写真の表紙が多い当時、クレパスで描く若者群像は圧倒的な力を持っていた。二〇〇二年、自ら企画、取材、撮影、編集まで手掛けた季刊誌『Ａｒｎｅ』を発行し、幅広い年代から支持を得ている。

*後藤繁雄（一九五四〜）
編集者、クリエイティブディレクター、京都造形芸術大学教授。"独特編集"をモットーに数多くの写真集・アートブックを制作する。ARTZONE（京都）、magical, ARTROOM（東京）を中心に展覧会の企画プロデュースも手掛ける。著書に『僕たちは編集しながら生きている』『五感の友』など。

す。やっぱり嬉しかったですね。しかし、ふと、「だったら最初のデザインでも良かったのに」とも思いましたけど（笑）。

よく店頭で目立つものをと言われますが、店頭で突出するというより、うまく言えないんですが、なにか、そこだけぽっかりと穴があいているような、異空間のような、そんな感じが理想だと思っています。

●映画と演劇

いつの間にか、映画や演劇の仕事も増えてきました。映画の仕事を初めてしたのは、*是枝裕和監督の『幻の光』で、九五年のことです。その衣装を担当したのが北村さんで、広告制作に僕を推薦してくれたんですね。それで、是枝さんがわざわざサン・アドまで会いに来てくれました。当時、是枝さんは三十そこそこだったと思います。とてもまじめな人という印象でした。是枝さんが撮ったドキュメンタリーフィルムを、何本か観たんですけど、どの作品も静かな運びなのに、見た後にだんだん感情が押し寄せてくるんですね。それですっかりファンになってしまって。

この時は、寒い中、藤井保さんと輪島まで撮影に行ったことをよく覚えています。とにかく、最小限のスタッフで、泊まるところも粗末なところ。お金がないという感じがしました（笑）。それが、なかなか親密な感じで良かったんです。みんな、映画に懸命になってることがひしひしと伝わってきましたから。そんなスタッフや是枝監督のために何とか役に立ちたいと思いましたね。あれからもう十年。是枝さんのその後の映画すべてに関わらせてもらっています。今も来年公開の映画制作が進行中です。

*長尾直樹さんとは、「サントリーレッド」の仕事で縁ができて、映画『さゞなみ』の時、藤井さんが本編のカメラマンとして、僕は美術の一員としても参加したんですよ。パフォーマンス集団の「パパ・タラフマラ」の小池博史さんとも、それから岩松了

*是枝裕和（一九六二〜）
映画監督。早稲田大学卒業後、テレビマンユニオンに入社。主にドキュメンタリー番組を演出。初監督で数々の国際映画賞を受賞した映画『幻の光』をはじめ、『誰も知らない』『花よりもなほ』と次々と作品を発表。また、日産セレナ「モノより思い出」、ネスカフェ「朝のリレー」等ＴＶＣＭも手掛ける。

*長尾直樹（一九五五〜）
映画監督、フィルムディレクター。東京生まれ。早稲田大学卒業後、東北新社を経て、一九九六年よりフリー。ＴＶＣＭや、音楽ビデオクリップなど数多く手掛ける。第一回ぴあフィルムフェスティバル入賞。九七年映画『鉄塔武蔵野線』で文化庁優秀映画作品賞受賞。

さんと小林薫さんの劇団「タ・マニネ」とのつき合いもちょうど十年になります。打ち合わせがおもしろいんですよ。まだ脚本ができていないところで話し合うわけですから、役者さんともども、一緒に舞台を作ったような気持ちになれるんですね。これらの仕事は、僕の中の未知の部分と大いにつき合うことになり、自分のデザインを破るきっかけを与えてくれます。二十歳の頃のアングラの血が騒ぐんですね。

●相米慎二監督

相米慎二監督*とは『あ、春』という映画で仕事をすることになりました。衣装を担当していた北村さんの紹介です。会ってみると、本当に不思議な人でした。撮影現場に下駄をはいて、真っ黄色のコートかなんかを着てやってきたりするんです。僕に対する指示はほとんどなくて、お任せでしたね。それで、タイトルも自由にやらせてもらいました。

その次の映画『風花』では直接僕を指名してくれました。この映画で、僕にとっては遠い人と思っていた相米さんがとても近くに感じられました。その映画の舞台が、北海道だったのも嬉しかったですね。思い出深いのは、札幌の劇場で、小泉今日子さんと浅野忠信さんと監督が舞台挨拶をする時に、僕もなぜか同行できることになって、一緒に一晩過ごしたことです。ジンギスカンを食べて、吹雪の中、真夜中の札幌の街をみんなで飲んで歩いて楽しかったですね。

それから数ヶ月後に、相米さんが亡くなりました。相米さんが大変だった時に一緒だったんだなと胸が熱くなりました。相米さん、中学時代は釧路で過ごしているんですね。それで、土地の食べ物の話なんかで盛り上がったりしたことを思い出します。

＊相米慎二（一九四八〜二〇〇一）映画監督。岩手県生まれ。中央大学中退。日活に入社。寺山修司らの助監督を務めた後、『翔んだカップル』で監督デビュー。その後、『セーラー服と機関銃』『台風クラブ』等、長回しと若者の闊達な演技で注目される。

●ジャンルイジ・トッカフォンドの衝撃

＊トッカフォンドのことを知ったのは、九二年か九三年のこと。ある日、太田雅子さんという人がサン・アドを訪ねてきました。ミラノに住んでいて、トッカフォンドのマネジメントをしていた方で、作品ファイルを持って訪ねてきたんです。そのファイルを見せてもらったら、びっくりしました。若々しくもあり、年寄り臭くもあり、暗いようで明るいような、元気なようで元気じゃないような、こんな絵を描く人がいるんだと。凄くカラフルなんだけどそれがイタリアの明るさと悲しさを併せ持っているんですよね。アニメーションもまた変幻自在で、引き込まれてしまいました。それで、この絵は絶対忘れないようにしよう、と思ってお願いしてカラーコピーを少し取らせてもらったんです。

●ユナイテッドアローズ（一九九七年〜）

それから何年か経った頃、ユナイテッドアローズが十周年を迎えるということで、企業広告を打つことになったんです。そのアートディレクションを誰に頼んだらいいかと、スタイリストの山本康一郎さん＊に相談したら、彼は「葛西さんがいいんじゃないですか」と言ったそうなんです。後で聞いてみると、山本さん曰く、僕が「およそファッションに関係がない人間だったから」ということなんですね（笑）。ファッション専門の人とやると、見えすぎて駄目だと言うんです。

目的は、「ユナイテッドアローズの店がお客さんに提供したい思い」を伝えたいということでした。それで、写真で群像を撮ろうという提案をしたら、反応があんまり良くなかったんですね。どうしようかなと思った瞬間に「そうだ、トッカフォンドだ！」と。それで、カラーコピーを引っぱり出してきて、もし僕がトッカフォンドだったら、ということを思いながらたくさん絵を描いたんです。それでそこに、もし表現したい

＊ジャンルイジ・トッカフォンド（一九六五〜）
アーティスト。イタリア、サン・マリノ生まれ。ウルビーノの芸術学校で学んだ後、ミラノで活動中。短編アニメ映画が、カンヌ、ヴェネツィア、ベルリンなど、各国の国際映画祭で入賞している。一九九九年に葛西薫と手掛けたユナイテッドアローズの一連の企業広告が東京ADCグランプリを受賞。

＊山本康一郎（一九六一〜）
スタイリスト・クリエイティブディレクター。京都府生まれ。エディターからメンズスタイリストとなる。CMを中心に、本木雅弘、福山雅治などのスタイリング、雑誌、ファッションカタログのCD、パリコレクションのスタイリングなど多岐にわたり活躍。一九九七年からのユナイテッドアローズの広告では、クリエイティブディレクターとしてADC賞を受賞。

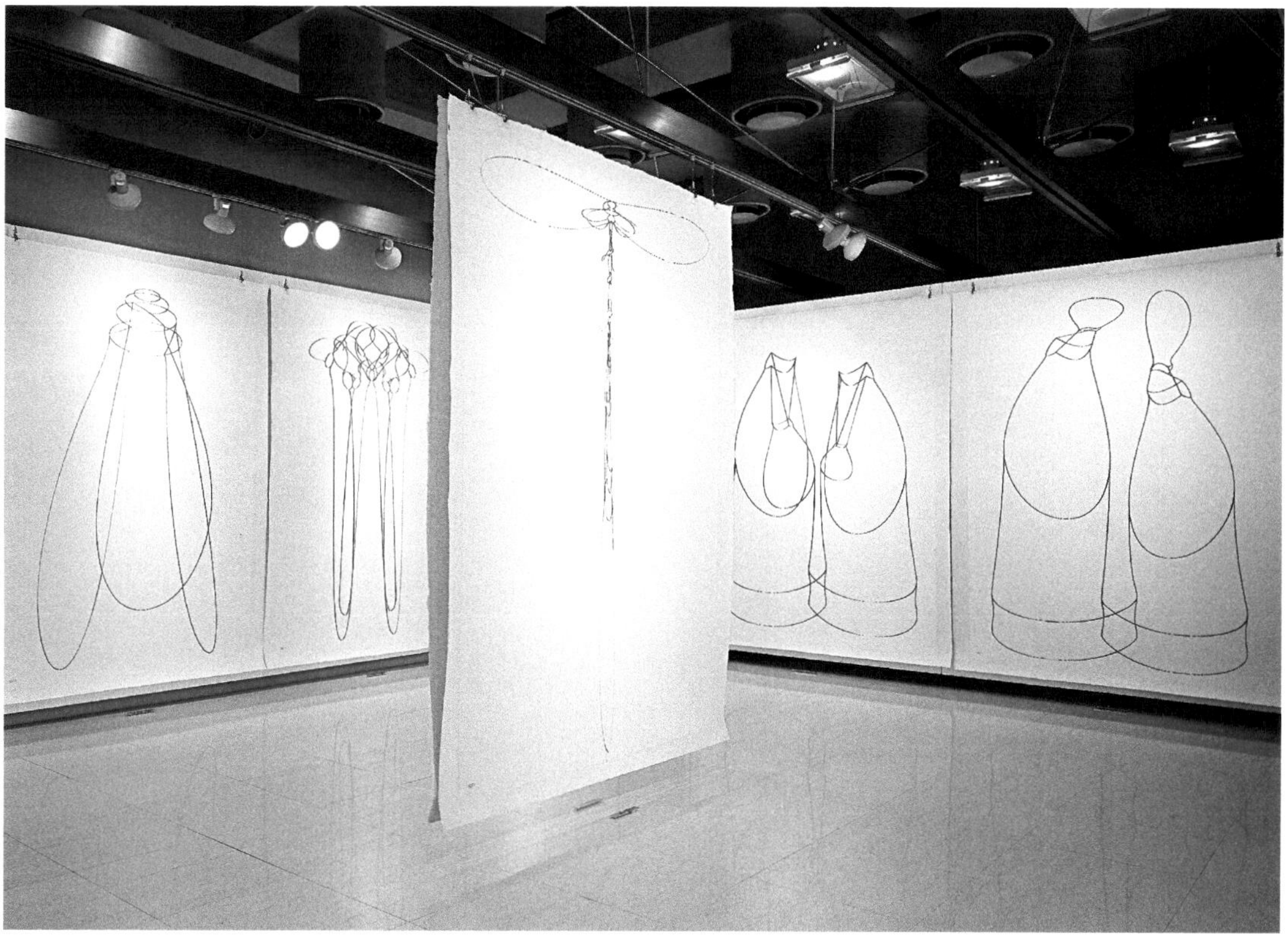

葛西薫展「AERO」（ギンザ・グラフィック・ギャラリー）1992年

タ・マニネ 1995年　シネカノン 1995年

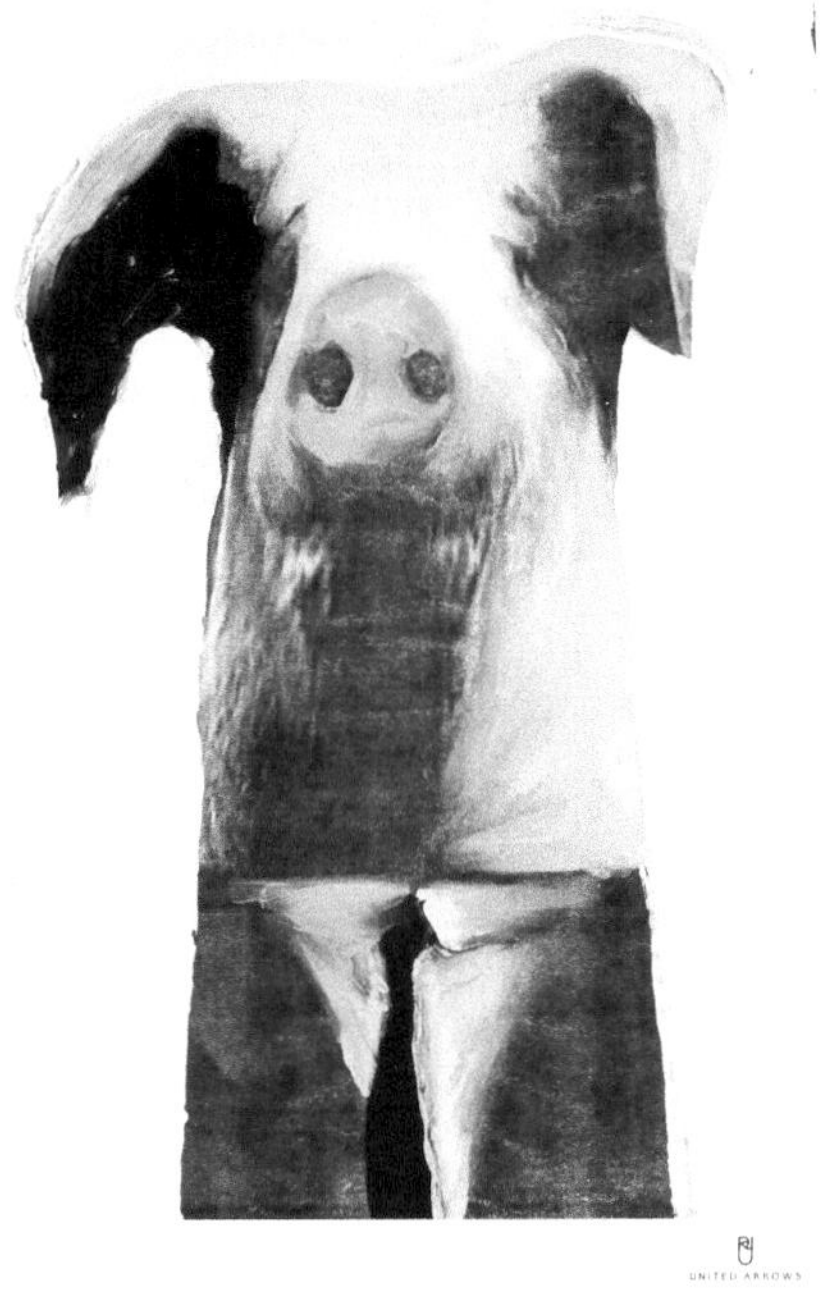

シアターナインス 2000年　パパ・タラフマラ 2007年　ユナイテッドアローズ 1997年

ことを言葉にするとしたら、「ウキウキ」です、とA４の紙にボールペンで大書したものを見せました。それで「やりましょう」ということになって。ただし、イタリアの人にお願いしても、日本の、日本人のユナイテッドアローズであることを意識してほしい、と言われました。

それから太田さんを通じて何度かのやりとりの後、山本さんと二人でミラノに行きました。彼のアトリエは、何というか、もう散らかしっ放しの味のあるアトリエで（笑）。びっくりしたのは、意外に若い人だったということです。当時まだ三十そこそこだったはずですから。太田さんを交えて、僕の意図を色々話したら、すっかり意気投合して、その場でアイデアを出し合いました。

彼も全然ファッションには興味がないって言うんです（笑）。かっこいいものより、人間の情けないところとか変なところの方がおもしろいって言うんですね。「ユナイテッドアローズのために描いたということを何らかの形で表現してほしい」という条件を彼に言うと、「じゃあ、日本人の顔で描こう」と彼が提案してきたんです。それで、ユナイテッドアローズの社員の顔写真が手に入らないかと言うんですね。それと人間だけでなくいろんな動物も一緒に登場させてはどうかとか。

三ヶ月後ぐらいに、絵ができたというんで見に行きました。そうしたら、最初の注文は四、五枚だったんですけど、もう大量に絵があったんですね。しかも、どれも素晴らしくて選ぶのに困りました。最初に形になったのは豚と女の子の、二枚のポスターでした。よくやるんですけど、紙の上に絵を浮かばせるようにレイアウトしました。つまり白地のセンターに置かないことで、絵が柔らかい白に包まれる。それを溶けそうな感じのペラペラの紙に印刷しました。一見ユーモラスな絵なんですが、そこから感じるかすかな哀しさに似合う気がしたんです。トッカフォンドに送ったら、すごく喜んでくれましたね。「すごくいい、特にこの周りのアキがいい」って言うんですよ。

分かってくれてるんだなあって思って、僕も嬉しくなりました。

●言葉以上に通じ合うもの

その後、仕事はコマーシャルフィルムにまで発展しました。お店でネクタイを買った男は空を飛び、ドレスを買った女は鳥になる、というものです。このフィルムのため、トッカフォンドは丸三ヶ月間、アトリエに閉じこもって絵を描きました。

その間、中川俊郎さんにテーマソングの作曲をお願いしました。その曲ができた日、スタジオに集まって中川さんの生のピアノ演奏で聴きました。楽しくて悲しい曲でしたねえ。ユナイテッドアローズのクリエイティブディレクター栗野宏文さんの感想がふるってまして、「人生に失敗して何もかも失ってしまった朝に、もしこの曲が流れてきたら、『ま、いっか』と思わせるような名曲ですね」と。うまいこと言いますよね。で、絵が描き上がったところで、この曲「cocoloni utaó」を持って、ミラノの小さなスタジオで、トッカフォンドの仲間たちと一緒に編集しました。ナレーションもその仲間たちにお願いしました。こんな風に、トッカフォンドとの仕事はいつもワイワイ楽しくカタチになっていきます。

その後、トッカフォンドは中川さんをすっかり気に入り、自作の短編映画『小さなロシア』で、音楽をすべて中川さんにお願いしました。中川さんとトッカフォンドとの間でもそうだと思うんですが、トッカフォンドとは言葉が通じないことで、言葉以上に通じ合うものを感じます。なんだか動物みたいですよね（笑）。

●とらや

とらやの仕事は、二〇〇三年に六本木ヒルズにオープンした、「TORAYA CAFÉ」がきっかけです。フードコーディネーターの長尾智子さん*と、店舗設計の武松幸治さん*

*長尾智子
シンプルで存在感のある料理をテーマに本や雑誌で活躍。「TORAYA CAFÉ」のメニュープランニングなども手掛ける。著書に『長尾食堂』『今日のデザート帖』などがある。

*武松幸治（一九六三〜）
建築家。長崎県生まれ。多摩美術大学卒業。一九九一年E・P・A環境変換装置建築研究所設立。建築設計の他、インテリアやプロダクトデザイン、アーティストとのコラボレートによるインスタレーションなど、活動は多岐にわたる。近作に、「Brillia Tower KAWASAKI」の建築設計、TORAYA CAFÉ 六本木ヒルズ店、VIA BUS STOP 代官山などがある。

を中心に進行していたところに、僕がグラフィックデザイナーとして加わりました。その仕事で信頼していただけたんだと思うんですが、とらや全体のクリエイティブを見てくれませんかという依頼がありました。「TORAYA CAFÉ」の仕事は、何より黒川光博社長の力が大きかったんです。じきじきに打ち合わせしながら進行するんですが、その都度判断されるセンスとリードが素晴らしいと感じます。

　しかし、話をいただいて自分に何ができるんだろうと思いました。むしろ、今のとらやのままでいいんじゃないかとも。そこで、「デザイナーとしてやれることをやらせて下さい」と社長には言いました。

　まず、しなければならなかったのは今のとらやを見ることでした。これはもう、地道に店舗や工場を回るしかありません。僕は、店舗のことについては素人ですから一から勉強です。

　最初に提案したのは、書式の統一感を出すこと。例えば、印刷物の言葉遣いが統一されていなかったり、タイポグラフィがバラバラだったりということです。とらやの商品名は、「菓銘」っていうんですけどね、季節に敏感な、日本語の美しさって言うか、すごくいいんです。言葉遣いも丁寧でとてもいい。今の時代、かえって新鮮に感じました。なので、「言葉を大切にしましょう」と提案しました。一方で、その店の店長さんの顔が見える店作りをしませんかと提案したり。この三年でパッケージデザインもほぼ一新されました。ともかく、急展開するのではなくこつこつ、少しずつ少しずつと意識しました。

●内藤廣に声をかける

　新しい店をつくる構想がいくつか出てきた時に、新しい建築家に依頼したらどうだろうと考えました。前に話に出た『MoDERN』という本で内藤廣*さんの「海の博物館」

＊内藤廣（一九五〇〜）
建築家、東京大学大学院教授。神奈川県生まれ。早稲田大学大学院修了。フェルナンド・イゲーラス建築設計事務所（スペイン）、菊竹清建築設計事務所を経て、一九八一年内藤廣建築設計事務所設立。代表作に海の博物館（三重県）、牧野富太郎記念館（高知県）等がある。

というのを見たことがあって、すごくいいなと思っていたんですね。内藤さんの建築物は、トレンディというものとは対極にあって、自然の中によくなじみ、建物がまるで呼吸してるような感じだったんです。

それで、思い切って直接会いに行きました。そうしたらその場で、やりましょうということになったんです。内藤さんと会うのはその時が初めてです。なのに、なぜすぐにOKしたのかというと、僕が手描きの漫画のようなもので説明するのが気に入ったと言うんですね。もし、僕がお客ならという気持ちで、お菓子を持って帰る時は、こんな風に包んでほしいとか、お菓子を食べる時に、目の前で職人さんが餡を練ってる様子が見られると、一層美味しいだろうなとか、そういうことを絵に描いて見せたんです。内藤さんは、「どうしても僕らは、コンピュータ画像なんかで大げさなプレゼンテーションをするんですけど、葛西さんのこのプレゼンテーションは、新鮮で勉強になりました」と言われたんです。そんなわけで、内藤さんとの共同作業が始まりました。

最初に実現したのはリニューアルとなった御殿場店です。二〇〇六年の七月にオープンしたんですけど、とても嬉しかったですね。内藤さんを推薦して、形になって素晴らしい店舗ができたんですから。今、御殿場店は地元の人に喜ばれて繁盛しているそうです。

その後、六本木の東京ミッドタウンにとらやの店舗が入るという計画が出てきたんですね。僕は、そのプロジェクトのまとめ役となり、とらやの委員会のメンバーと一緒になって、内藤さん、長尾さんともどもこの店をどんな店にするか、様々な打ち合わせと提案を繰り返しました。それらを吸い上げてまとめ上げた内藤さんのデザイン案が凄かったんです。とりわけ江戸の街道筋をイメージする大きな暖簾には驚きました。僕は内藤さんから大変な題材を与えられて、緊張しながら、しかし楽しんで暖簾のデザインをさせてもらいました。内藤さんのテーマの組み立て方、それを具現化する過程に立ち会うことができて、とても勉強になりました。

●二〇〇三年、サントリーCI

サントリーがお台場に社屋を移す同じ時に、これまでの「響マーク」と呼ばれるマークとロゴタイプを一新することになり、その案を社員から募集しようということになりました。サン・アドもグループ会社ですから応募できるわけです。で、二〇〇三年にその選定委員会が発足して、僕がその委員長ということになってしまいました。ということは、僕は応募できないわけで半分ガッカリもしました（笑）。

これは一大事、と思ってどう進めたらいいのか随分考えました。真っ先に思ったことは、世界レベルであること、でした。そこでタイプデザイナーの*マシュー・カーター氏、*ライノタイプ社の小林章さん、その補佐に*嘉瑞工房の高岡昌生さんに加わってもらい、コトを進めることにしました。

彼らのタイプフェースに対する助言は、思っていたよりやわらかくて、応募者の意図を存分に活かしきるものでした。しかし、最終フィニッシュの段階になると、とことん完成度を追求する綿密さに驚きました。文字にはこだわっていたつもりだったけど、タイポグラフィの奥の深さをますます知ることになり、改めて勉強になりました。いやーもっと早く会いたかった（笑）と思いましたね。

数ヶ月間、応募者とともに作業をしてその成果を社長に見せ、新たな要望に応えてまた数ヶ月作業をする。そんなことを繰り返して、最終的に二案にまでしぼられ、いよいよ最終決定となった日のことです。いつも即断即決の社長が、珍らしく「うーん」と長考し、「もう一回、考えてくれませんか。踏み切れないんだ」と言うんですね。クオリティが高いことはよく分かるけど、完成度の高さより、もっと元気で若々しいものがほしいということでした。

*マシュー・カーター（一九三七〜）書体デザイナー。ロンドン生まれ。エンスカデ印刷所（オランダ）で活字文字生成技術を学ぶ。ライノタイプ社、ビットストリーム社を経て、カーター&コーン・タイプ社設立。金属活字、写植、デジタルでの書体を数多く手掛ける。『ニューヨーク・タイムズ』『ワシントン・ポスト』など世界の代表的な新聞、雑誌などに書体を提供している。

*ライノタイプ社、小林章（一九六〇〜）欧文書体設計家。新潟県生まれ。武蔵野美術大学卒業。株式会社写研退社後、ロンドンでタイポグラフィを学ぶ。帰国後、字游工房等を経て独立。ヒラギノ明朝やAXISフォントの欧文を設計。二〇〇一年より世界最大の書体メーカー、ドイツ・ライノタイプ社のタイプディレクターとしてドイツ在住。

*嘉瑞工房、高岡昌生（一九五七〜）嘉瑞工房代表取締役、武蔵野美術大学特別講師。東京生まれ。國學院大學卒業。欧文印刷研究家井上嘉瑞が戦前に起こした。嘉瑞工房は、現在は、海外の著名な金属活字鋳造会社から直接輸入した活字を使い、活版印刷を行っている。

ここまできて、と愕然とはしたものの、内心助かったという気持ちもありました。僕も、実は確信に至ってなかったんです。「わかりました。必ずいいものにしてきます」と言って、その日は終わりにしたんです。何の確証もなかったんですけど（笑）。ここはむしろ、チャンスが与えられたんだと思って、なんとしても、納得のいくものにするぞ、と思ったんです。

それから三ヶ月後、ブラッシュアップを重ねてついに決まったのが今のロゴタイプなんです。社長はひと目で、「これはいい、素晴らしい。特にYの字は両手をあげて、未来に向かって走ってるように見える」と言って心から喜んでくれました。その時は、もの凄く嬉しかったですね。社長は、デザインの細かいことはわからないと言っていましたけど、一番分かっていたのは、社長だったんだと思いますね。

●楽しい仕事

こうして振り返ってみると、素晴らしい人達との出会いがあって、さまざまなことを教えてもらいながら、今日まで来ることができたと改めて思います。後輩からもたくさん教えられました。元々、文字が好きで、看板描きになれればと思っていたわけですから、好きなことで食べていけるということは、それだけですごく幸せなことだと思ってるんです。

ですから、仕事があることだけで、ありがたいと思うんです。自分が感じることに対して素直に、そして丹誠を込めて作ろうと思ってやってきました。とにかく、いつも仕事は楽しかったですから。どんなにつまらなく思える仕事でも、何か楽しいことが必ずあるものです。それを見つけて楽しい仕事へ変えるんです。この先、どんなことが待っているんでしょうね。

二〇〇七年七月九日、十二日、二十日、二十七日、三十日

葛西薫　年表

年	年齢	社会の出来事	デザイン・イラストレーション界の出来事	葛西薫の活動歴
1949	0	•湯川秀樹、ノーベル物理学賞受賞	•東京藝術大学発足。東京美術学校と東京音楽学校を統合	•10月3日北海道札幌郡豊平町字美園で生まれる。父・佐々木清二、母・ツカヨ
1950	1	•朝鮮戦争起こる	•東京ADCの母体「Aグループ」結成	•1歳のとき、父・清二が病死 •母の実家、北海道有珠郡伊達町字長流（現・伊達市長和町）で過ごす
1951	2	•サンフランシスコ講和条約、日米安保条約調印	•日本宣伝美術会（日宣美）創立 •ライトパブリシティ設立	
1952	3	•日航機三原山に墜落	•東京アド・アートディレクターズクラブ結成	
1953	4	•NHK、NTVがテレビ本放送開始	•『アイデア』創刊（誠文堂新光社）	
1954	5	•ビキニ水爆被災事件 ＊力道山らプロレス人気 ♪「お富さん」	•東京アド・アートディレクターズクラブ第1回展 「プッシュピン・スタジオ」設立（アメリカ）	•4歳のとき、母が葛西徳蔵と再婚。葛西薫となる •義父・徳蔵は富士製鉄室蘭工場（現・新日本製鉄）コークス課勤務。室蘭市輪西町の社宅に暮らす
1955	6	•第1回原水爆禁止世界大会 ＊トランジスターラジオ発売／プラモデル ♪「月がとっても青いから」	•グラフィック'55～今日の商業デザイン展（高島屋）。亀倉雄策、早川良雄、伊藤憲治、河野鷹思、原弘、山城隆一、大橋正、ポール・ランドら	•父は樺太で営林局での経験があり、日頃大工仕事もしていた。その仕事ぶりを見て、感動した
1956	7	•日本、国連に加盟 ＊太陽族 ♪「ここに幸あり」	•ニューヨーク近代美術館で日本のグラフィック・デザイン展開催。亀倉雄策、原弘、早川良雄ら	•室蘭市立大和小学校入学 •体重はいつも平均以下でコンプレックスを感じていた。競技は苦手だったが、体操や遊技は得意だった
1957	8	•ソ連、世界初の人工衛星スプートニク打ち上げ ♪「有楽町で逢いましょう」	•東京ADC賞制定。金賞＝大橋正（明治製菓の新聞広告イラストレーション）	•得意科目は図画工作。グライダーや戦艦など、木製の模型作りに夢中になる。『模型と工作』『模型とラジオ』を愛読
1958	9	•日米安保条約改定交渉開始	•年間広告費1000億円突破	
1959	10	•安保改定反対運動起こる ＊深夜放送始まる／カミナリ族	•コピー十日会（現・東京コピーライタークラブ）結成 •『デザイン』創刊（美術出版社）	•4年生のとき、新日鉄室蘭工場を描いた写生画が「全国教育美術展」で佳作となる
1960	11	•日米新安保条約調印・成立 •NHKほか、カラーテレビ本放送開始 ＊「太陽がいっぱい」	•日本デザインセンター設立 •ハイライトのデザイン公募。和田誠の作品を採用	•5年生のとき、室蘭市港北町の社宅に引っ越す。室蘭市立高平小学校に転校 •母が病死

1961	12	♪「誰よりも君を愛す」 ・株価の大暴落 ♪「銀座の恋の物語」／「上を向いて歩こう」	・東京ADC賞 金賞＝亀倉雄策（東京オリンピックポスター）	
1962	13	・キューバ危機 ♪「遠くへ行きたい」／「可愛いベイビー」	・東京ADC賞 金賞＝亀倉雄策、村越襄、早崎治（東京オリンピックポスター） ・第1回東京コピーライターズクラブ賞、梶祐輔	・室蘭市立港北中学校入学 ・理工クラブに入る。模型の対象は、鉄道模型、ラジコンのボート、飛行機へと興味が移る
1963	14	・三池炭鉱爆発事件 ＊「天国と地獄」 ♪「こんにちは赤ちゃん」	・国際グラフィックデザイン団体協議会（ICOGRADA）設立（ロンドン）	・2年生のとき、新日鉄の職業訓練学校を受験し、不合格となる
1964	15	・第18回オリンピック東京大会 ・米軍のベトナム戦争介入開始	・サン・アド設立 ・東京イラストレーターズ・クラブ結成	・3年生のとき、「全道中学生電気スタンド工作コンクール」で佳作となる。体育館に貼られた亀倉雄策の東京オリンピックのポスターに感動する。美術の先生が、「葛西は絵よりデザインに向いてる」と言ったと友人から聞く
1965	16	・米、ベトナム北爆開始 ＊「赤ひげ」 ♪「柔」／「女心の唄」	・グラフィックデザイン展「ペルソナ」（銀座松屋）。宇野亜喜良、田中一光、細谷巖、横尾忠則、和田誠他	・北海道立室蘭栄高等学校入学 ・バドミントンクラブに入る
1966	17	・大学紛争盛ん ・中国で文化大革命起こる ・日本の人口が1億人を超える ＊ビートルズ来日 ♪「バラが咲いた」	・札幌冬季オリンピック大会公式マーク、永井一正 ・第1回東京イラストレーターズ・クラブ賞＝宇野亜喜良（絵本『あのこ』）	・2年生のとき、バドミントン新人戦準優勝 ・修学旅行中に同級生の田口清英がレタリングの通信教育を受けていると聞き、自分もはじめる ・修学旅行のアルバムを作り、観光名所の地名をレタリングする
1967	18	・美濃部亮吉、東京都知事当選 ＊「卒業」／「俺たちに明日はない」 ♪「世界は二人のために」／「こまっちゃうな」	・日本万国博覧会公式ポスター（海外向け）亀倉雄策、（国内向け）福田繁雄 ・札幌冬季オリンピック第1号ポスター、河野鷹思	・3年生のとき、道民体育大会室蘭地区予選に出てシングルス、ダブルスとも優勝。高体連・日胆地区団体戦決勝で敗れる ・地元の日本石油精製所を受け、不合格となる ・国家公務員試験を受け、合格するも不採用を希望する ・就職担当の先生に進路の相談をしたところ、上京を勧められる ・求人のあった東京の文京区白山にある、文華印刷株式会社に応募し、面接の結果、採用となる
1968	19	・3億円強奪事件 ・川端康成、ノーベル文学賞 ＊「2001年宇宙の旅」	・日本のポスター100年展（東京ADC主催／銀座松屋） ・第2回ワルシャワ国際ポスタービエン	・文華印刷株式会社に入社。住み込みでの勤務となる ・版下部で主にチラシのデザイン、版下制作を1日3枚のペースで行う

		♪「ブルーライト・ヨコハマ」	ナーレ 金賞特別賞＝亀倉雄策、銀賞＝田中一光、永井一正	・同じビル内にあったデザイン事務所GKの桑原圭男に、DBなど海外の広告について教わり刺激を受ける ・ヴィジュアルデザイン研究所夜間部で週二日学ぶ。数ヶ月で辞める ・横尾忠則、宇野亜喜良、唐十郎など、アンダーグラウンドにも刺激を受ける ・西武百貨店渋谷店がオープン。その宣伝物の原稿についてくる、生の写真やイラストレーションに感動する
1969	20	・警視庁、東大安田講堂封鎖を解除 ・米のアポロ11号月面着陸 ＊「明日に向かって撃て」／ボーリング ♪「黒ネコのタンゴ」／「真実一路のマーチ」	・日宣美展公募審査、日宣美粉砕共闘により阻止される。第19回日宣美展中止 ・東京イラストレーターズ・クラブ第1回展開催 ・ギャラリー「プラザディック」京橋に開設される	・文京区本郷のアパートに引っ越す。四畳半二人の生活から、四畳一間の一人暮らし始まる ・西武百貨店を広告主にもつ大谷デザイン研究所の募集記事を見て応募。飯島保良との面接の結果、採用となる
1970	21	・日本万国博覧会開催 ・全国で反安保統一行動、77万人が参加 ＊東京で歩行者天国始まる／ウーマン・リブ ♪「夢は夜開く」／「走れコウタロー」	・日本万国博覧会開催。デザイン顧問＝勝見勝 ・日宣美解散式5会場同時開催 ・横尾忠則個展（ニューヨーク近代美術館） ・ベン・シャーン展（東京国立近代美術館） ・第1回講談社出版文化賞、亀倉雄策が受賞（ブックデザイン）	・株式会社大谷デザイン研究所に入社 ・桑原圭男と朝日広告賞に応募し、落選 ・知識産業研究所の仕事を中心にパンフレットやDMなどのデザインを手掛ける ・アメリカのアートディレクター、ハーブ・ルバーリンを知り感銘を受ける
1971	22	・沖縄返還協定調印 ＊『日本人とユダヤ人』 ♪「知床旅情」	・バウハウス50年展（東京国立近代美術館） ・『山名文夫イラストレーション作品集』刊行	・再び桑原圭男と朝日広告賞に応募。準朝日広告賞を受賞 ・サントリーホワイトの新聞広告（「鮒と白」「ミニ、ミディ、マキシ」など）を見て、サン・アドに強く惹かれる
1972	23	・第11回冬季オリンピック札幌大会	・グラフィックイメージ'72開催。福田繁雄、伊藤隆道ら	・サン・アドのデザイナー募集に応募し、採用される
1973	24	・オイルショック。卸売物価暴騰 ・ベトナム和平協定調印 ＊『日本沈没』／巨人V9達成 ♪「神田川」	・'73デザイン・イヤー展覧会（8都市を巡回） ・世界インダストリアルデザイン会議開催（京都）	・株式会社サン・アドに入社。河野俊二チームに配属 ・安藤隆と組んで作った明治製菓のポスターが毎日広告デザイン賞二席に入る ・I・W・ハーパー雑誌広告。初レギュラーの仕事
1974	25	・三菱重工ビルで爆弾爆発 ・佐藤栄作前首相、ノーベル平和賞受賞 ＊『ノストラダムスの大予言』 ♪「襟裳岬」	・ザ・ポスター展。「ニュー・ミュージック・メディア」のための原画展（渋谷パルコ） ・第5回ワルシャワ国際ポスタービエンナーレ（文化部門）金賞＝横尾忠則	・佐藤浩チームに配属 ・サントリーオールド 地方紙シリーズ新聞広告。仲畑貴志と初めて一緒に仕事をする ・ADC賞受賞／サントリーオレンジジュース新聞広告。初めて手掛けた新聞広告だった

1975	26	•沖縄海洋博開催 ＊「ジョーズ」 ♪「シクラメンのかほり」	•日本のグラフィックス5人展。田中一光、永井一正、福田繁雄他（ローザンヌ他に巡回）	•結婚。経堂から世田谷代沢へ引っ越す •サントリーフルーツソーダ ポスター、サントリーオレンジ50新聞広告
1976	27	•田中角栄前首相、ロッキード事件で逮捕	•東京デザイナーズ・スペース（TDS）青山に開設	•サントリーブランデー、サントリーのワイン新聞広告
1977	28	•中国、文化大革命終結宣言 •王貞治、本塁打756本の世界最高記録樹立 ＊「幸福の黄色いハンカチ」／「宇宙戦艦ヤマト」	•東京ADC25周年記念「メディア・アート展」（新宿・伊勢丹） •日本のイラストレーション展（パリ、ロンドン）。石岡瑛子、山口はるみ、横尾忠則ら123名	•サントリーポップのポスター撮影で、写真家操上和美と初めて一緒に仕事をする •仲畑チーム発足。副部長として入る •サントリーエード新聞広告（～'83年）
1978	29	♪「津軽海峡冬景色」／「勝手にしやがれ」 •新東京国際（成田）空港開業 •日中平和友好条約調印 ＊「未知との遭遇」／「不確実性の時代」／「不毛地帯」 ♪「UFO」／「いい日旅立ち」	•日本グラフィックデザイナー協会（JAGDA）発足 •『イラストレーション』創刊（玄光社） •現代公共ポスター展（日本産業デザイン振興会）	•サントリーレモンの新聞広告で、スタイリスト北村道子と初めて仕事をする •サントリーオールド 山口瞳・直言シリーズ新聞広告（～'81年） •サントリー樹氷（茜ちゃん）新聞広告 •ソニーサウンドセンサーⅡポスター
1979	30	•第2次石油ショック •米スリーマイル島原子力発電所で放射能漏れ ＊インベーダーゲーム ♪「関白宣言」	•第29回アスペン国際デザイン会議開催。田中一光、永井一正らが講演 •JAGDA第1回総会（草月会館）	•ソニーヘッドフォンのネーミングをH・AIRと提案。採用される •サントリー樹氷、サントリーオールド 製造工程シリーズ新聞広告 •ソニーH・AIR、P・AIRポスター
1980	31	•第22回オリンピックモスクワ大会。日・米・西独など不参加 ＊ジョン・レノン射殺 ♪「雨の慕情」	•日本文化デザイン会議結成。第1回横浜会議 •第1回日本グラフィック展（渋谷・パルコ）	•サン・アドに副田高行が入社 •ソニー「驚いたな。ありがとう、ソニーの贈りもの」新聞広告 •マルニ木工雑誌広告（～'81年）
1981	32	•福井謙一、ノーベル化学賞受賞 •自動車の輸出量をめぐり日米貿易摩擦 ＊竹の子族 ♪「ルビーの指輪」	•TDSが青山から「AXISビル」へ移転 •JAGDA『年鑑日本のグラフィックデザイン』（講談社）創刊	•葛西チーム発足 •サントリー樹氷（フィンランド）ポスター •ソニーH・AIR30∅ポスター、WALKMAN新聞広告
1982	33	•日航機、逆噴射で羽田空港前海面に墜落 •東北・上越新幹線開通 ＊「蒲田行進曲」 ♪「セーラー服と機関銃」	•日本デザイン・コミッティー30周年記念会員展「DESIGN19」開催（銀座松屋） •世界のポスター10人展（日本橋・高島屋）	•サントリー樹氷（ノルウェー）ポスター •ソニーダイナミクロン新聞広告。写真家藤井保とのソニーN・U・D・Eポスター・雑誌広告

1983	34	・東京ディズニーランド開園 ・大韓航空機、ソ連軍機に撃墜される ＊「おしん」ブーム／「スター・ウォーズ」 ♪「矢切の渡し」／「さざんかの宿」	・東京ADC創立30周年記念出版『アートディレクション・ツデイ』 ・「ヒロシマ・アピールズ」開催（広島平和記念館） ・第1回JACA日本イラストレーション展。大賞＝日比野克彦 ・オブジェTOKYO展（渋谷・パルコ）がスタート	・サントリーウーロン茶の仕事が始まる ・サントリー樹氷（田中裕子）ポスター・雑誌広告、サントリーウーロン茶「大陸の味がする」新聞広告、サントリーウインターギフト 帽子篇CF ・ソニー SPORTS N・U・D・E、W・EAR ポスター
1984	35	・第23回オリンピックロサンゼルス大会。ソ連、東側諸国不参加 ＊「お葬式」／「風の谷のナウシカ」 ♪「涙のリクエスト」／「ワインレッドの心」	・日宣美展'53―'59展（TDS） ・第9・10回ワルシャワ国際ポスター・ビエンナーレ（商業部門）金賞＝サイトウマコト	・ADC賞受賞／「お歳暮は、サントリー。アイラブユー」ポスター・新聞広告 ・サントリーウーロン茶 大人篇、サントリーローヤルの贈りもの 巨頭篇CF
1985	36	・日航ジャンボ機御巣鷹山に墜落 ・日本電信電話会社（NTT）と日本たばこ産業（JT）が民営化される ・ソ連、ゴルバチョフが共産党書記長に ＊『モモ』／「アマデウス」／「ドラゴンクエスト」などファミコン流行 ♪「ウィ・アー・ザ・ワールド」	・クリエイションギャラリーG8の前身G7ギャラリーが銀座に開設 ・第1回世界ポスタートリエンナーレトヤマ。金賞A部門＝宇野泰行、B部門＝サイトウマコト	・ADC賞受賞／サントリーローヤルの贈りもの「ウイスキーをありがとう」ポスター ・ADC賞受賞／フジテレビ「WORLD SPORTS FAIR '85」ポスター ・サントリーウイスキー「一粒の麦、一滴の水、ひたむきな意志」新聞広告（～'87）。写真家上田義彦と初めて組んだ仕事 ・サントリーオールド（リー・ヴァン・クリーフ）新聞広告、サントリーウーロン茶 夫婦篇、サントリーウインターギフト 友情篇CF
1986	37	・土井たか子、社会党委員長就任 ・米スペースシャトルが発射直後爆発 ・チェルノブイリ原発事故 ・英チャールズ皇太子とダイアナ妃来日 ＊「キネマの天地」／「バック・トゥ・ザ・フューチャー」／使いきりカメラ ♪「時の流れに身をまかせ」／「デザイヤー」	・ギンザ・グラフィック・ギャラリー（ggg）が銀座に開設 ・日本のイラストレーション'86展。大橋正、粟津潔、福田繁雄、ペーター佐藤他 ・TDS会員総出演「10年前の作品と現在の作品」展（TDS）	・ADC最高賞／サントリーモルツ新聞広告 ・サントリー「酒は、何よりも、適量です」新聞広告が始まる ・サントリーウイスキーの贈りもの「さしあげたのは、時間です」ポスター・新聞広告、サントリーウーロン茶「ウーロン茶はサントリーに限るのこと」、サントリーウイスキーローヤル「R」新聞広告、サントリーウーロン茶 家族篇、サントリーウインターギフト時間篇、サントリーモルツ 森のふたり篇CF ・西武百貨店「極、今様倶楽部」ポスター・新聞広告
1987	38	・ブラック・マンデー。NY株式市場大暴落 ・NTT株上場 ・国鉄、分割民営化によりJR新法人へ ・利根川進、ノーベル医学・生理学賞	・第1回ニューヨークADC国際展。金賞＝サイトウマコト ・東京タイポディレクターズクラブ（TDC）結成	・ADC会員となる ・サントリーウイスキーの贈りもの「バケーションをありがとう」、サントリーウイスキーローヤル「R」ポスター、サントリーウーロン茶「お茶の葉主義」新聞広告、サントリーウーロン茶 幸福篇 茶摘み篇、サントリーサマーギフト 休

		を受賞		暇篇、サントリーモルツ 麦畑篇CF
1988	39	＊『サラダ記念日』／「マルサの女」 ♪「命くれない」／「スターライト」 ・リクルート事件 ・第24回オリンピックソウル大会 ＊「となりのトトロ」／『ノルウェイの森』／『キッチン』／ドライビール ♪「乾杯」／「パラダイス銀河」	・AGI（国際グラフィック連盟）総会が日本で初めて開催される ・東京イラストレーターズ・ソサエティ（TIS）発足 ・第2回世界ポスタートリエンナーレトヤマ開催	・ソニー LIBERTY・CD ポスター ・西武百貨店「日本一の市」新聞広告（〜'93年） ・サントリーウーロン茶「真剣」ポスター・雑誌広告、サントリーウーロン茶 工場篇CF ・ゼリア新薬工業「ZERIAS」ポスター ・埼玉県立近代美術館「MOVEMENT MODERN ART 展」ポスター
1989	40	・1月7日天皇崩御。昭和から平成へ ・ベルリンの壁、28年ぶりに消滅 ＊美空ひばり死去／「ダイ・ハード」 ♪「川の流れのように」／「人生いろいろ」	・世界デザイン博覧会EXPO'89、世界デザイン会議開催（名古屋） ・亀倉雄策編集による季刊デザイン誌『クリエイション』創刊（リクルート）。'94年20号で完結	・サントリークラシックスペシャルポスター・雑誌広告、サントリーサマーギフト とんぼ篇、サントリーモルツ 古今亭志ん朝篇CF ・ヴォルフガング・サヴァリッシュ著『ヴォルフガング・サヴァリッシュ自伝』装丁
1990	41	・東西ドイツ統一 ＊「ちびまる子ちゃん」／ティラミス	・創立30周年記念 日本デザインセンター作品展（東京セントラル美術館） ・グラフィックデザインの今日（東京国立近代美術館工芸館） ・ガーディアン・ガーデンが渋谷スペイン坂に開設 ・東京ADC最高賞＝佐藤雅彦、中島信也、大島征夫ら（フジテレビ春のキャンペーンのCM）	・ADC会員最高賞受賞／「夏の愛。サントリーウイスキーの贈りもの」「冬のラブレター。サントリーウイスキーの贈りもの」ポスター ・セゾン生命雑誌広告（〜'97） ・NTTデータ通信科学者シリーズポスター・新聞広告・CF（〜'91年） ・サントリーウーロン茶「幸福はカラダの奥にある。未来はカラダの奥にある」、サントリーウイスキーの贈りもの「ウイスキーが、お好きでしょ」ポスター、サントリーウーロン茶 京劇院篇（♪遥かなる武夷山）CF
1991	42	・雲仙普賢岳噴火 ・湾岸戦争勃発 ・南ア、アパルトヘイト撤廃 ＊『Santa Fe 宮沢りえ写真集』 ♪「SAY YES」	・日本のポスター100展（銀座松屋） ・東京ADC最高賞＝立花ハジメ（凸版印刷「APE CALL FROM TOKYO」のポスター）	・サントリーウーロン茶「あの人は、どうしてきれいなんだろう」ポスター・新聞広告、サントリーウーロン茶 風とバドミントン篇・遥かなるドライブ篇（♪MEMORY）CF ・杉山恒太郎詩集『高級なおでこ』、S・W・ホーキング著『時間順序保護仮説』、上田義彦写真集『Into the Silent Land』装丁
1992	43	・PKO協力法成立 ・毛利衛さん、スペースシャトルで宇宙へ ＊もつ鍋 ♪「君がいるだけで」	・JAGDA平和と環境のポスター展「I'm here」（銀座松屋） ・日本グラフィック展、オブジェTOKYO展がアーバナート（渋谷・パルコ）に統合される	・個展「AERO」（ギンザ・グラフィック・ギャラリー） ・ADC会員賞受賞／NTTデータ通信 科学者シリーズCF ・サントリーウーロン茶「アーさんもご一緒に」、サントリーウイスキー響 ポスター・新聞広告・雑誌広告、サントリーウーロン茶 いつでも夢を篇・夢の水辺篇（♪いつでも夢

1993	44	•皇太子さま、雅子さまご結婚 •細川連立内閣成立 *『マディソン郡の橋』／ジュリアナブーム ♪「YHA-YHA-YAH」／「世界中の誰よりきっと」	•東京ADC最高賞＝草間和夫、眞木準（朝日新聞社「世界の顔メタモルフォーゼ」のCM） •東京ADC創設40周年記念展「FROM TOKYO」（有楽町アート・フォーラム） •石岡瑛子、映画『ドラキュラ』の衣装でアカデミー賞受賞 •東京ADC最高賞＝瓦林智、田中徹（富士写真フイルム「フジカラー写ルンです」のCM）	を）CF •NTTデータ通信 NTT DATAスペシャル新聞広告 •葛西薫作品集『AERO』、磯崎新作品集『ARATA ISOZAKI WORKS30』、S・W・ホーキング著『宇宙における生命』装丁 •愛媛県松山市ITM本社ビル休憩室壁面デザイン画制作 •NTTデータ通信 ニューパラダイムセッション新聞広告（〜'94） •サントリーウーロン茶「ゆっくり恋をしよう」ポスター、サントリーウーロン茶 幸福な庭篇・春の結婚篇（♪結婚しようよ）CF •都築響一監修・上田義彦写真集『QUINAULT』、秋山道男編修・荒俣宏著・監修『THE BOOK OF SOCKS AND STOCKINGS』、朱明徳写真集『LOST LANDSCAPES』装丁
1994	45	•村山富市社会党委員長、首相に •大江健三郎、ノーベル文学賞受賞 *『大往生』／「シンドラーのリスト」／コギャルブーム ♪「BOY MEETS GIRL」	•現代ポスター競作展（銀座松屋）。21人の巨匠と若手21人「LIFE」ポスターの競作 •サントリーミュージアム天保山が、大阪に開設 •東京ADCグランプリ＝オリヴィエーロ・トスカーニ（ベネトン・ジャパン「兵士の服」の新聞広告）	•サントリーウーロン茶「サのつくウーロン茶？ウフフ」ポスター・雑誌広告 •日本デザインコミッティー企画展に「LIFE」ポスター出品 •今井美樹『A PLACE IN THE SUN』CDジャケット •『年鑑日本の空間デザイン1995 ディスプレイ・サイン・商環境』装丁
1995	46	•阪神大震災、死者6308人 •地下鉄サリン事件、オウム事件摘発 *「フォレスト・ガンプ」／「スピード」 ♪「LOVE LOVE LOVE」	•欧米のポスター100展（東京ステーションギャラリー） •JAGDA平和と環境のポスター展'95展（銀座松屋） •東京ADCグランプリ＝サイトウマコト（バツのポスター）	•ADC会員賞／サントリーウーロン茶「暑中お見舞い申し上げます」新聞広告、サントリーウーロン茶 春の空篇（♪春一番）夏の川篇（♪暑中お見舞い申し上げます）秋の風景篇（♪微笑がえし） •サントリーウーロン茶「ユーはいいなぁ」ポスター・新聞広告、サントリーウーロン茶 お茶のコ川篇（♪太湖船）CF •是枝裕和監督作品『幻の光』映画ポスター •タ・マニネ『浮雲』公演ポスター •北村道子作品集『Tribe』、S・W・ホーキング著『創造の種』、貫井徳郎著『失踪症候群』、安東孝一編集『MoDERN』装丁
1996	47	•O－157による食中毒多発 •第26回オリンピックアトランタ大会 *たまごっち	•「亀倉雄策のポスター」展開催（東京国立近代美術館フィルムセンター）。デザイナーとしては同館初の展覧会	•サントリーオールド 倉本聰・新社会人向けシリーズ新聞広告（〜'97年） •サントリーウーロン茶「喫茶するなら」ポスター・新聞

		♪「これが私の生きる道」	●東京ADCグランプリ＝永井一正（「save nature」ポスター）	広告、サントリーウーロン茶 音楽室篇・路面電車篇（♪シューベルト・鱒）
1997	48	●神戸須磨小学生殺人事件 ●山一証券、北海道拓殖銀行経営破綻 ＊「もののけ姫」／「タイタニック」 ♪「Pride」	●東京ADCグランプリ＝マイケル・プリーヴら（ナイキジャパン「GOOD VS EVIL」のCM）	●日産自動車「シーマ」ポスター・新聞広告 ●藤井保写真集『ESUMI』、寺門孝之画集『天使ブック』装丁 ●この頃からユナイテッドアローズの仕事が始まる ●サントリーウーロン茶「それゆけ私」ポスター・新聞広告、サントリーウーロン茶 スチュワーデスの春篇（♪鉄腕アトム）CF ●レナウン next eye ポスター・カタログ ●「第10回カナガワビエンナーレ国際児童画展」ポスター ●パパ・タラフマラ『No Wing Bird on the Island』公演ポスター ●上田義彦写真集『FLOWERS』『VISIONS of JAPAN』、詩集『妖精の詩』、斎藤純著『夜の森番たち』装丁
1998	49	●ヒ素入りカレー事件 ●第18回冬季オリンピック長野大会 ＊「リング」 ♪「夜空ノムコウ」	●東京ADCグランプリ＝田中一光（「サルヴァトーレ・フェラガモ展」のポスター、グラフィックデザイン、環境空間） ●文化庁メディア芸術祭がスタート	●ADC会員賞／サントリーウーロン茶「それゆけ私」ポスター、サントリーウーロン茶 風と帽子篇（♪鉄腕アトム）CF ●毎日デザイン賞受賞／サントリーウーロン茶、ユナイッテドアローズなど、この一年のデザイン活動がその対象 ●『葛西薫の仕事と周辺』出版 ●サントリーウーロン茶「ウーロン茶ですよ」ポスター・新聞広告、サントリーウーロン茶 春の勉強篇（♪翠湖のほとりで）ラジオと昼寝篇 うれしい電話篇、サントリーレッド縁側レッド篇 唄う大レッド篇CF ●是枝裕和監督作品『ワンダフルライフ』映画ポスター ●相米慎二監督作品『あ、春』映画ポスター ●内田春菊著『彼が泣いた夜』装丁
1999	50	●茨城県東海村で国内初の臨界事故 ＊iモード／アイボ ♪「だんご3兄弟」	●第1回亀倉雄策賞＝田中一光 ●東京ADCグランプリ＝葛西薫、ジャンルイジ・トッカフォンド（ユナイテッドアローズのTVCM、ポスター）	●ADCグランプリ／ユナイテッドアローズ ポスター・CF ●日本宣伝賞山名賞受賞 ●講談社出版文化賞ブックデザイン賞受賞 ●サントリーウーロン茶「中からきれいになる国」ポスター、サントリーウーロン茶 秋の靴音篇（♪蘇州夜曲）夏の裸足篇 春の勉強篇CF、サントリーウイスキー響 銀座四丁目広告塔 ●「第11回カナガワビエンナーレ国際児童画展」ポスター ●タ・マニネ『悪戯』公演ポスター

2000	51	・三宅島噴火 ＊「バトル・ロワイアル」 ♪「TSUNAMI」	・「日宣美の時代」展（ｇｇｇ） ・印刷博物館が小石川に開設 ・第2回亀倉雄策賞＝永井一正 ・東京ＡＤＣグランプリ＝米村浩、中島哲也（サッポロビール「黒ラベル」ＴＶＣＭ）	・ジャンルイジ・トッカフォンド作品集『PINOCCHIO』、大竹伸朗『既にそこにあるもの』装丁 ・サントリーウーロン茶「もっときれいにならなくっ茶」ポスター、サントリーウーロン茶 春風路篇・風草原篇（♪麦畑）ＣＦ ・是枝裕和監督作品『DISTANCE』映画ポスター ・相米慎二監督作品『風花』映画ポスター ・岩松了作・演出『夏ホテル』公演ポスター
2001	52	・米、同時多発テロ事件 ・国内で狂牛病の牛を確認 ＊「千と千尋の神隠し」／「ハリー・ポッター」 ♪「明日があるさ」	・第3回亀倉雄策賞＝原研哉 ・東京ＡＤＣグランプリ＝佐藤可士和（「Ｓｍａｐ」のポスター、新聞広告、雑誌広告、グラフィックデザイン）	・サントリーウーロン茶「ゴーゴー・もっときれいにならなくっ茶」ポスター・新聞広告、サントリーウーロン茶 お客様来来篇・妹は何処？篇（♪ライク・ア・ヴァージン）ピャーピャー篇ＣＦ ・パパ・タラフマラ『ＷＤ』『青／ａｏ』公演ポスター ・池田晶子著『REMARK』、村上春樹著『村上ラヂオ』、安東孝一著『NEW BLOOD』、田口ランディ著『オカルト』装丁 ・東京都立つばさ総合高校・ウォールグラフィック『Wisdom on Wall』
2002	53	・ワールドカップ日韓共同開催 ・米英軍によるアフガニスタン空爆 ・北朝鮮拉致被害者帰国 ＊ベッカム／たまちゃん ♪「お魚天国」	・ＡＤＣ創設50周年記念「ＡＤＣ大学」開催 ・東京ＡＤＣグランプリ＝浅葉克己（特殊製紙「トンパ一二三」） ・「横尾忠則 森羅万象展」（東京都現代美術館） ・第4回亀倉雄策賞＝佐藤可士和	・ＡＤＣ会員賞／ユナイテッドアローズ「green label relaxing」ポスター・新聞広告 ・サントリーウーロン茶「自分史上最高カレシ」ポスター・新聞広告、サントリーウーロン茶 桃白ドレス篇・吾と空篇・桃まんの国 篇（♪上海ブギウギ）ＣＦ ・「ＴＨＥ ドラえもん展」ポスター・パンフレット ・長尾直樹監督作品『さざなみ』映画ポスター ・パパ・タラフマラ『Birds on Board』公演ポスター ・五條瑛著『紫嵐』、操上和美写真集『NORTHERN』装丁
2003	54	・イラク戦争、フセイン政権崩壊 ＊「踊る大捜査線 THE MOVIE 2 レインボーブリッジを封鎖せよ！」／六本木ヒルズ ♪「世界に一つだけの花」	・ＩＣＯＧＲＡＤＡ主催の世界グラフィックデザイン会議が名古屋で開催される。日本で開催されるのは'60年以来。世界49カ国から３７００人が参加。 ・森美術館が六本木ヒルズ最上階に開設 ・第5回亀倉雄策賞＝仲條正義 ・東京ＡＤＣグランプリ＝原研哉、藤井保（良品計画「無印良品（地平線）」のポスター、新聞広告、雑誌広告、グラフィック	・サントリーＣＩ選定委員会発足 ・「TORAYA CAFÉ」（六本木店）のディレクションを機に、とらや全体のクリエイティブディレクションを任されることになる ・サントリーウーロン茶「一、二」ポスター、サントリーウーロン茶 大きな氷の河篇（♪大きな河と小さな恋）彼女と僕の橋篇 秘密の入江篇ＣＦ ・ユナイテッドアローズポスター・新聞広告・ＣＦ ・資生堂汐留タワーサイン計画

2004	55	・新潟県中越地震、スマトラ沖地震発生 ・第26回オリンピックアテネ大会 ＊「冬のソナタ」など韓流ブーム／「ハウルの動く城」／「誰も知らない」 ♪「花」	デザイン） ・「時代のアイコン―日本のグラフィックデザイン50年」展（銀座松屋） ・「没後10年特別展 ペーター佐藤の時代 1954-1994」展（クリエイションギャラリーG8） ・金沢21世紀美術館開設 ・第6回亀倉雄策賞＝服部一成	・五條瑛著『心洞』、金原ひとみ著『蛇にピアス』装丁 ・サントリーCI決定 ・サントリー商品開発センターサイン計画 ・ADC賞受賞／「水と生きる。SUNTORY」ポスター ・サントリーウーロン茶 カンフー篇 飛び込み篇 寒中功夫篇 イー・アール・サン・スー篇CF ・是枝裕和監督作品『誰も知らない』映画ポスター ・タ・マニネ『ワニを素手でつかまえる方法』公演ポスター ・一倉宏著『人生を3つの単語で表すとしたら』、江國香織著『雨はコーラが飲めない』、藤森益弘著『モンク』、ジャンルイジ・トッカフォンド作品集『小さなロシア』装丁
2005	56	・愛知万博、「自然の叡智」をテーマに開催 ・ＪＲ福知山線脱線事故 ＊「ハリー・ポッターと炎のゴブレット」 ♪「青春アミーゴ」	・「GUNDAM 来たるべき未来のために」展。大阪・サントリーミュージアム天保山を皮切りに、東京・上野の森美術館をはじめ全国を巡回	・サントリー台場新ビルサイン計画 ・サントリーウーロン茶「New Bottle」ポスター、サントリーウーロン茶 快感登場・上海篇 快感登場・桂林篇 青年と青茶・晒青篇 青年と青茶・揺青篇CF ・パパ・タラフマラ『HEART of GOLD 百年の孤独』公演ポスター ・中川俊郎『cocoloni utaó』CDジャケット ・五條瑛著『恋刃』、森村泰昌著『卓上のパルコネグロ』装丁
2006	57	・第20回冬季オリンピックトリノ大会 ・サッカーワールドカップドイツ大会 ・「ダ・ヴィンチ・コード」／ハンカチ王子 ♪「粉雪」	・「クリエイターズ～長大作／細谷巖／矢吹申彦」展（世田谷美術館） ・AGIのデザイン総会が18年ぶりに日本（東京・京都）で開催される	・サントリー黒烏龍茶「中性脂肪に告ぐ」ポスター、サントリー黒烏龍茶 役員火鍋会篇、サントリーウーロン茶姉さんの恋篇CF ・「TORANOMON TOWERS」、「とらや御殿場店」サイン計画 ・是枝裕和監督作品『花よりもなほ』映画ポスター ・高橋靖子著『表参道のヤッコさん』、五條瑛著『愛罪』、上田義彦写真集『at Home』装丁
2007	58	・能登半島地震 ＊東京ミッドタウン	・国立新美術館が六本木に開設。コレクションを持たないが、国内最大級の展示スペースを誇る ・サントリー美術館が六本木ミッドタウンに開設	・サントリーウーロン茶「食べよ、妹」ポスター、サントリー黒烏龍茶 秋の鉄板焼篇、サントリーウーロン茶 学生食堂篇 初めての口紅篇CF ・パパ・タラフマラ『東京ブエノスアイレス書簡』公演ポスター ・TORAYA新ロゴタイプ作成 ・とらや東京ミッドタウン店のクリエイティブ・ディレクション

あとがき

葛西さんにこのタイムトンネルシリーズ出展のお願いをしたのは、もう三年ほど前になるかもしれません。もちろん正式なお願いというのではなかったのですが、お会いするたびに声をおかけしていました。最終的には、サントリーのロゴリニューアルプロジェクトが終わってからでないと、とても手がつかないということで、今回やっと実現したというわけです。

私が葛西さんを意識したのは、やはり一九八三年のサントリー「アイラブユー」のポスターでした。この二年後に、クリエイションギャラリーG8の前身であるG7ギャラリーがオープンしたのですが、七〇年代後半から、八〇年代に入り、新しいスターが続々と登場してきました。井上嗣也さん、戸田正寿さん、大貫卓也さん、サイトウマコトさん、佐藤晃一さんなどがADC年鑑のトップを飾り、七〇年代の広告手法にとらわれない、アーティスティックな表現ともいえる大胆な広告が現れてきた頃でした。中でも葛西さんの広告は、後の毎日デザイン賞の受賞理由にも書かれていたように、「さわやかな情感を持つ広告表現」という形容がぴったりの独特の世界観を持っていました。

この後、おそらく一九九〇年だったと思うのですが、私は直接葛西さんに質問したことがあります。葛西さんのこの表現はどこから生まれてくるのですか、と。その時の答えは、「最近になって自分探しをしているような気がしています。恐る恐る一番自分らしい世界を表現したら、それを周りが評価してくれた」というようなお話でした。

今回、なんとなく知っていた葛西さんの下積み時代ともいえる、文華印刷や、大谷デザイン研究所の話もくわしく伺う事ができました。ここにはいまの葛西さんからは想像できない、挫折を繰り返しながらも夢を追う

ガーディアン・ガーデン
クリエイションギャラリーG8
ディレクター　大迫修三

青年がいました。気負うことなく、目の前のものに誠実に、正直に取り組んできたからこそ、いまの葛西薫という人が生まれてきたのだと思いました。

そして一九七三年、あこがれのサン・アドへ。しかし、そこでもなかなかとけ込めない不器用な葛西さんがいました。時はまさに、高度経済成長の時代。サントリーは歴史的な広告キャンペーンを次から次へと立ち上げていたのです。こうした中、サン・アドの中で多くの人たちに出会い、葛西さんは熟成されていきました。それが一九八三年の「アイラブユー」の誕生に繋がるのです。

葛西さんといえば、サントリーウーロン茶ですが、これも一九八三年がスタートでした。このスタートにまつわるお話もとても興味深いものでした。仕事のチャンスはどこにあるかわからない、目の前にある仕事を丹誠込めてつくろうという葛西さんの仕事への取り組みからこの二十五年にも亘るロングランの仕事が生まれてきたのかも知れません。競争の激しい商品で、この長さはとても大変なことだと思います。インタビューの中に、「『ああ、今年でウーロン茶の仕事も終わりかな。もう、中国に来ることもないかな』っていつも思うんです。次の年もまたできるとなった時の嬉しさはひとしおですね。」という言葉がありますが、ビジネスとしての緊張した関係が伝わってきました。

葛西さんの仕事を見ていくと、九〇年代に大きな変化が見られます。その分岐点が一九九二年のギンザ・グラフィック・ギャラリーでの「ＡＥＲＯ」展です。この年の前後から、広告のＡＤから、グラフィックデザイナーとしての、新たな造形を持ちこんだ葛西薫が現れてきます。それはいままでの、広告としてのポピュラリティーから解放された、葛西薫の出現、ともいえるものです。その軌跡をたどると、定規を使った造形から、手書きの線、さらにはドローイングとその幅を広げていくのがわかります。今回の展覧会では、葛西さんのデザイナーとしての出発点から、いまの葛西薫が生まれてくる過程、そしてこの十五年の広告以外の仕事に重点を置いて紹介しています。

今回の展覧会に向けて、葛西さんは自宅も含めて、いままでの仕事の資料やラフデザイン、メモやスケッチなど多くの仕事に関わるデータを探し出し、整理してくださいました。作品は見た事があるだろうから、もっと見た事のない物をたくさん見てもらいたいと、これらの資料の整理に多くの時間を割いてくださいました。

会場構成も、展覧会場というよりも、葛西薫資料室のような仕上がりになりました。

今回も五日間に亘るロングインタビューになりましたが、葛西さんは、自らの歴史を整理し、当時のアルバムや、資料も用意してくださっていました。育った町の地図までご用意いただいたのは、このシリーズ始まって以来のことでした。インタビューの間、私が質問を挟む余地なく、次々と思い出話をしてくださったのです。この小冊子は四万三千字あまりですが、速記録は三十八万字を超えていました。これらを整理して原稿にまとめたのですが、葛西さんは、約半分近くに加筆、訂正してくださって今回の冊子ができあがりました。その意味でいままでで一番、ご本人に手をかけさせてしまったことを反省すると同時に、葛西さんに改めてお礼を申し上げたいと思います。

会期が近づくにつれ、サン・アドの人と会うたびに私たちは、「葛西さん、頭が展覧会でいっぱいで、打ち合わせになりませんよ」と笑いながら苦情を言われていました。

いままでも多くの若いデザイナーが葛西さんのもとで働きたいと、サン・アドの門をたたいてきましたが、この小冊子でさらに多くの人たちがサン・アドを目指すことになりそうです。あまりに多くの人たちが押し掛けて、会社に迷惑をかけるようなことになれば、それもまた申し訳ないと捕らぬ狸の心配をしているところです。葛西さんはもちろんのこと、サン・アドのみなさんにも心よりお礼を申し上げます。

タイムトンネルシリーズ Vol.25
葛西薫 1968

会期／二〇〇七年一〇月二九日（月）～一一月二二日（木）
主催／ガーディアン・ガーデン
　クリエイションギャラリーG8

取材・文／小山芳樹　ガーディアン・ガーデン
編集・制作・デザイン／ガーディアン・ガーデン
（株式会社リクルート　リクルートクリエイティブセンター）
〒一〇四―〇〇六一　東京都中央区銀座七―三―五
〇三―五五六八―八八一八

発行日／二〇〇七年一〇月二九日
発行／株式会社リクルート
〒一〇四―八〇〇一　東京都中央区銀座八―四―一七
〇三―三五七五―七〇七四

印刷・製本／株式会社北斗社

タイムトンネルシリーズ 小冊子

タイムトンネルシリーズの展覧会のために、毎回作家の方に長時間にわたるインタビューを行い小冊子にまとめています。幼少時代にはじまり、学生時代を経てクリエイターとしてデビューするまで、また現在の表現に対する思いなどを語っていただいています。

第1回　1994年1月
若尾真一郎 (イラストレーター) ※未刊

第2回　1995年2月
安西水丸 (イラストレーター)

第3回　1996年1月
高梨豊 (写真家)

第4回　1996年8月
佐藤晃一 (グラフィックデザイナー)

第5回　1997年2月
長野重一 (写真家)

第6回　1997年10月
和田誠 (イラストレーター)

第7回　1998年5月
亀倉雄策 (グラフィックデザイナー)

第8回　1998年10月
沢渡朔 (写真家)

第9回　1999年5月
矢吹申彦 (イラストレーター)

第10回　1999年11月
土田ヒロミ (写真家)

第11回　2000年5月
○△□ 長友啓典・浅葉克己・青葉益輝 (アートディレクター)

第12回　2000年10月
操上和美 (写真家)

第13回　2001年5月
山口はるみ (イラストレーター)

第14回　2001年10月
柳沢信 (写真家)

第15回　2002年5月
仲條正義 (グラフィックデザイナー)

第16回　2002年10月
大倉舜二 (写真家)

第17回　2003年5月
宇野亜喜良 (イラストレーター)

第18回　2003年10月
藤井保 (写真家)

第19回　2004年5月
細谷巖 (アートディレクター)

第20回　2004年11月
北井一夫 (写真家)

第21回　2005年10月
五十嵐威暢 (彫刻家・デザイナー)

第22回　2006年5月
鋤田正義 (写真家)

第23回　2006年10月
大橋歩 (イラストレーター)

第24回　2007年5月
本橋成一 (写真家・映画監督)

第25回　2007年10月
葛西薫 (アートディレクター)

参考文献・出典

『デザイン史年表』大橋紀生編 (美術出版社)
『アート・ディレクション・ツデイ』東京ADC編 (講談社)
『日本広告表現技術史』中井幸一著 (玄光社)
『戦後文化の軌跡1945-1995』(朝日新聞社)
『ADC年鑑』(美術出版社)
『日宣美の時代』(トランスアート)
『現代デザイン事典』(平凡社)
『聞き書きデザイン史』(六耀社)
『世界デザイン史』(美術出版社)
『日本デザイン史』(美術出版社)
『SUN-AD at work』(宣伝会議)
『葛西薫の仕事と周辺』(六耀社)

Guardian Garden
PRODUCED BY RECRUIT

Creation Gallery G8

200029102007

あとがきのあとがき
「タイムトンネルシリーズ」小冊子復刻版の刊行について

二〇二三年八月末にリクルートの二つのギャラリー、クリエイションギャラリーG8とガーディアン・ガーデンが閉館することになりました。私はこの二つのギャラリーをリクルート時代に立ち上げて、退社する二〇一二年三月末まで運営していました。その後は、スタッフの菅沼比呂志さん、小高真紀子さんが引き継ぎましたが、この二人もいまは退社し、それぞれの道を歩んでいます。

クリエイションギャラリーG8にはその前身があり、一九八五年一月一六日に買い取ったばかりの旧日軽金ビル（リクルートGINZA7ビル）の二階でG7ギャラリーとしてオープンしました。その後リクルート事件の影響などがあり、一九九〇年にリクルートGINZA8ビルの一階に移転しました。一方、ガーディアン・ガーデンは一九九〇年に渋谷のライズビルの一階でスタートしたものの、バブル崩壊の影響で、銀座七丁目の小さなビルに移転、その後リクルートGINZA7ビル（現ヒューリック銀座7丁目ビル）の地下に移りました。

この本は「タイムトンネルシリーズ」と銘打って二つのギャラリーで同時開催した展覧会の企画に合わせて発行した小冊子を、カラー写真のページなどを加え、文字サイズを少し上げて読みやすくし、復刻したものです。

この展覧会は、前書きにもあるように、子供時代からはじまって、デビュー当時から現在までの作品を展示したもので、事前に三日から五日間に渡ってのロングインタビューを行いました。作家の一日の過ごし方から暮らしぶり、親や兄弟の話、子供時代から現在まで、仕事への取り組み方など、通常のインタビューでは出てこないようなあれこれを聞いています。それを六〇ページほどの小冊子にまとめ、会場で、印刷代だけと言っていい五〇〇円で販売していました。

当然、小さな会場での小さな出版物なので、印刷した部数が売り切れてしまえば、それでおしまい、というものでした。

しかし、読んでくれた多くの若手クリエイターからの、面白かった、すごく勇気をもらったなどという声を聞き、このまま終わらせるのはもったいないなと思っていました。

一九九四年から始まったこの「タイムトンネルシリーズ」は、年二回、デザイナー、イラストレーターと写真家を交互に取り上げて開催していました。展覧会の準備と並行して、詳細な年譜を作り上げ、それをもとに行ったインタビューは、作家にとってもこちらにとっても膨大なエネルギーを費やしたとても密度の濃い時間でした。私のギャラリーの企画の中でも貴重な財産となっています。

葛西さんの展覧会からすでに十六年が経っています。インタビューに登場するクリエイターの方々を脚注で紹介していますが、その中には鬼籍に入った方もいらっしゃいます。原稿は当時のままで、改訂を加えていませんが、お世話になった方も多く、心よりご冥福をお祈りしたいと思います。

葛西さんはいまも変わらずに活躍されていますが、戦後の、そして昭和のデザイン界、広告界を築きあげた方々を近くで見続けてきたこともあって、この方々の作品や歴史を残せるようなことが何かできないかなとずっと考えていました。

そんな時に、リクルートの二つのギャラリーの閉館の話が入ってきたのでした。このままでは、あの小冊子は消えてしまう、逆に二つのギャラリーが閉館するのであれば、私の力で復刻する可能性もあるかもしれないと思い始めました。そこで、株式会社リクルートホールディングスのギャラリー責任者の花形照美さんに相談、何度かの打ち合わせで、無事、同社からこの貴重なインタビュー小冊子復刻版の編集・発行の許可をいただきました。販売は長いお付き合いの株式会社ＡＤＰの久保田啓子さんが快く引き受けてくださいました。ありがとうございます。もちろんご本人の葛西薫さんにも、この場を借りて改めてお礼を申し上げます。

葛西さんの第一号に続いて、これから順次刊行していきますので、楽しみにしていただければと思います。

監修・発行　大迫修三

TIME TUNNEL SERIES
Vol.25
ガーディアン・ガーデン&クリエイションギャラリーG8
タイムトンネルシリーズ　Vol.25
「葛西薫1968」展
2007年10月29日→11月22日

葛西薫

発行日――2023年6月30日

著者――葛西薫
監修――大迫修三
構成・デザイン――大迫修三、田中孔明

印刷・製本――株式会社マツモト
印刷協力――西田隆志（ノマドウェイ）

発行者――大迫修三
販売――株式会社ADP
〒165-0024
東京都中野区松が丘2-14-12
TEL　03-5942-6011
FAX　03-5942-6015
https://www.ad-publish.com
振替　00160-2-355359

ISBN978-4-903348-58-2 C0023

本書は、ガーディアン・ガーデン&クリエイションギャラリーG８の展覧会「タイムトンネル」展開催時に株式会社リクルートより刊行。この度、判型、構成を改め、復刊致しました。